Everyday Korean Intermediate 1

날마다 한국어
중급 1

손현미 · 김남정 · 주지현

박영사

머리말

Preface

〈날마다 한국어 중급 1〉은 한국어 초급 과정을 마친 외국인 학부생 및 대학원생을 위한 통합형 교재입니다. 이 책은 대학교의 한 학기 일정을 고려한 맞춤형 교재로 말하기/듣기/읽기/쓰기 기능을 유기적으로 연계하여 학습할 수 있도록 구성했습니다. 이를 통해 학습자는 개인적인 일상 주제 및 친숙한 사회적 주제에 필요한 어휘, 표현, 문법을 익혀 중급 수준의 의사소통 능력을 향상시킬 수 있습니다.

이 책의 특징은 다음과 같습니다.

첫째, 학부 및 대학원 수업 시간(15주, 30시간 혹은 45시간)에 맞춰 교재 내용을 구성하여 대학교에서 한 학기용 교재로 사용하기에 적합합니다. 또한 한국어와 영어를 병기하여 학습자와 교수자의 편의성을 높였습니다. 학습자는 주요 내용을 보다 쉽게 이해할 수 있고, 교수자는 효과적인 보조 자료로 활용할 수 있도록 했습니다.

둘째, TOPIK 시험 유형을 반영하여 교재 내용을 구성했습니다. '말하기'에서는 연속된 그림을 보고 이야기의 흐름을 구성하는 연습을 하도록 제시했습니다. '쓰기'에서는 실생활에서 자주 접할 수 있는 상황을 바탕으로 목적에 맞는 실용문을 쓰는 연습을 할 수 있도록 구성했습니다. 이를 통해 학습자는 실제 의사소통 상황에서 적절한 표현을 사용하고, 과제 수행에 필요한 말하기와 쓰기 능력을 효과적으로 기를 수 있습니다.

셋째, 주제와 관련된 '실제 활동'을 제시했습니다. 앞의 두 과에서 익힌 내용을 실생활과 직결된 과제에 적용해 봄으로써 언어 사용 능력을 자연스럽게 확장할 수 있습니다. 이러한 활동을 통해 '교과서 한국어'가 아닌 '현장 한국어'를 경험할 수 있도록 했습니다.

넷째, 외국어를 구사할 때 거치는 인지 과정을 구현한 학습 활동이 가능합니다. 외국인 학습자는 보통 발화 전에 모국어로 생각한 후 한국어로 전환하는 인지 과정을 거치게 됩니다. 이 점을 반영하여 영어로 제시된 대화를 한국어로 바꾸는 '너랑 나랑 Talk Talk'을 마련했습니다. 이 활동은 교수자의 재량에 따라 말하기나 쓰기 과제로 다양하게 활용할 수 있습니다.

다섯째, 이 교재는 한국어 교육 현장에서 15년 이상 경험을 쌓은 전문가가 집필했습니다. 저자는 풍부한 현장 경험을 바탕으로 교수자와 다양한 국적의 학습자 요구를 교재에 충실히 반영하고자 했습니다. 그 결과, 책에서만 사용하는 딱딱하고 어려운 표현이 아니라 실생활에서 바로 사용할 수 있는 살아 있는 한국어 표현으로 학습 내용을 구성했습니다.

〈날마다 한국어 중급 1〉이 나올 수 있도록 응원해 주신 부모님과 시작부터 지금까지 걸음걸음 인도하여 주신 하나님께 감사드립니다. 그리고 이 책을 출판할 수 있는 좋은 기회를 주시고, 꼼꼼한 편집을 통해 완성도를 높여 주신 출판사 박영사의 박부하 과장님과 조영은 대리님을 비롯한 편집진 여러분께도 감사의 마음을 전합니다.

일러두기

How to use this textbook

〈날마다 한국어 중급 1〉은 3개의 주제로 이루어져 있으며, 각 주제는 3과씩 나뉘어 총 9과로 구성되어 있습니다. 각 주제의 첫 번째와 두 번째 과에서는 '어휘, 문법 1·2·3, 말하기'를, 세 번째 과에서는 '듣기, 읽기, 쓰기, 실제 활동, 너랑 나랑 Talk Talk, 어휘 확인'으로 구성하여 해당 주제의 학습 내용을 종합적으로 정리할 수 있도록 했습니다.

각 주제는 다음과 같이 세 개의 과로 구성되어 있습니다.

주제 Topic		
1과 First chapter	2과 Second chapter	3과 Third chapter
어휘 Vocabulary 문법 1 Grammar 1 문법 2 Grammar 2 문법 3 Grammar 3 말하기 Speaking	어휘 Vocabulary 문법 1 Grammar 1 문법 2 Grammar 2 문법 3 Grammar 3 말하기 Speaking	듣기 Listening 읽기 Reading 쓰기 Writing 실제 활동 Hands-on Activity
너랑 나랑 Talk Talk		
어휘 확인 Vocabulary check		

어휘 Vocabulary

여러분은 한국에서 어디에 살고 있어요? 여러분이 사는 집의 장단점을 이야기해 보세요.
Where do you live in Korea? Talk about the advantages and disadvantages of the house you live in.

고시원	주택/아파트
장점 · 월세가 싸다 · 단기간 거주하다	장점 · 집이 넓다 · 여러 명이 함께 살다
단점 · 방이 좁다 · 공용 시설을 이용하다	단점 · 월세/전세가 비싸다 · 가구와 전자제품을 구입하다

019

어휘 Vocabulary

주제와 관련된 어휘를 쉽게 익힐 수 있도록 그림과 함께 제시했습니다.

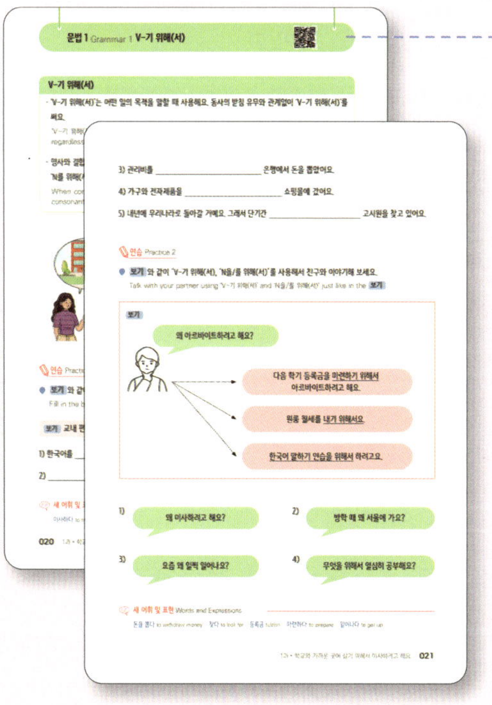
문법 1 Grammar 1 V-기 위해(서)

3) 관리비를 ____________ 은행에서 돈을 찾았어요.
4) 가구와 전자제품을 ____________ 쇼핑몰에 갔어요.
5) 내년에 우리나라로 돌아갈 거예요. 그래서 단기간 ____________ 고시원을 찾고 있어요.

연습 Practice 2

보기 와 같이 'V-기 위해(서)', 'N을/를 위해(서)'를 사용해서 친구와 이야기해 보세요.

1) 왜 이사하려고 해요?
2) 방학 때 왜 서울에 가요?
3) 요즘 왜 일찍 일어나요?
4) 무엇을 위해서 열심히 공부해요?

021

문법 Grammar

문법의 의미를 명확하게 이해할 수 있도록 설명을 제시했습니다. 그림과 함께 짧은 대화문을 제시하여 실제 대화 상황에서 문법을 어떻게 사용하는지를 보여줍니다.

- 연습 1에서는 문법의 형태적인 변화를 알 수 있도록 간단한 활동을 제시했습니다.
- 연습 2에서는 문법을 사용하여 유의미한 연습을 할 수 있는 말하기 활동을 제시했습니다.

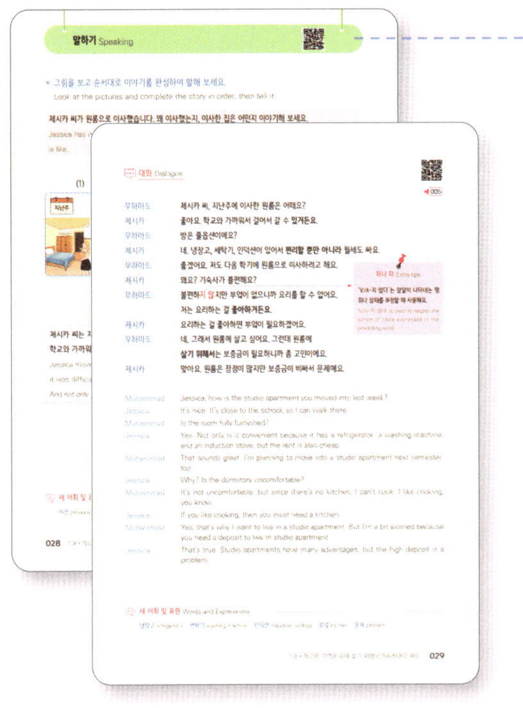

말하기 Speaking

연속된 네 컷의 그림을 보고, 학습한 어휘와 문법을 활용하여 4~5개의 짧은 문장으로 이야기를 만들 수 있도록 제시했습니다.

- 대화에서는 네 컷 그림의 짧은 이야기를 확장한 실제 대화문을 제시했습니다.
- 연습에서는 네 컷 그림과 비슷한 상황을 제시하여 학습자 스스로 이야기를 만들 수 있도록 구성했습니다.
- <하나 더 Extra tips>에서는 간단한 설명을 통해 학습에 필요한 팁을 제시했습니다.

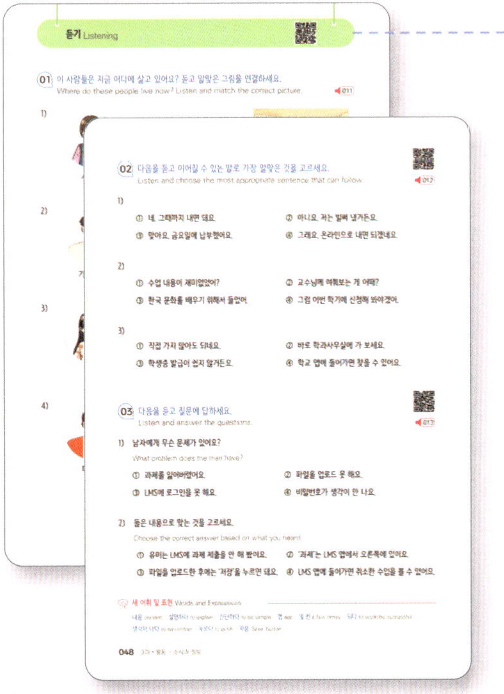

듣기 Listening

- 듣기 1은 짧은 대화를 듣고 적절한 그림을 고르는 문제로 구성했습니다.
- 듣기 2는 짧은 대화를 듣고 적절한 답을 찾는 문제로 구성했습니다.
- 듣기 3은 듣기 2보다 긴 대화문으로 구성하여 대화의 주제 및 세부 내용을 확인하는 문제로 구성했습니다.

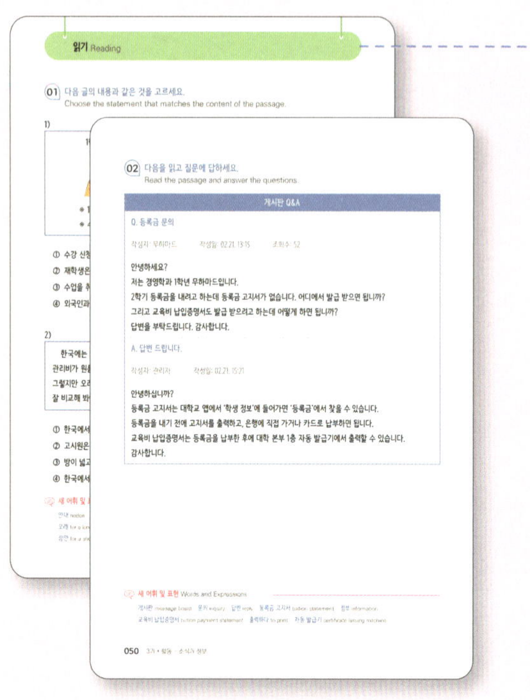

읽기 Reading

- 읽기 1에서는 짧은 글을 읽고 적절한 답을 찾는 문제로 구성했습니다.
- 읽기 2에서는 읽기 1보다 긴 글을 읽고 주제 및 세부 내용을 확인하는 문제로 구성했습니다.

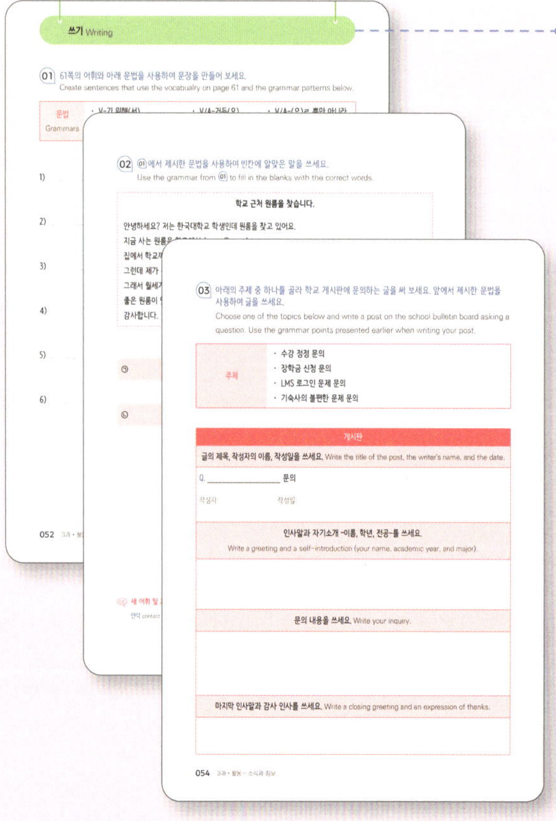

쓰기 Writing

- 쓰기 1에서는 학습한 문법과 어휘를 사용하여 다양한 문장을 만들어 보는 연습으로 구성했습니다.
- 쓰기 2에서는 실용문을 읽고 빈칸을 완성하는 문제로 구성했습니다.
- 쓰기 3에서는 하나의 짧은 글이 자연스럽게 완성되도록 표로 제시된 단계에 따라 내용을 작성하는 활동으로 구성했습니다.

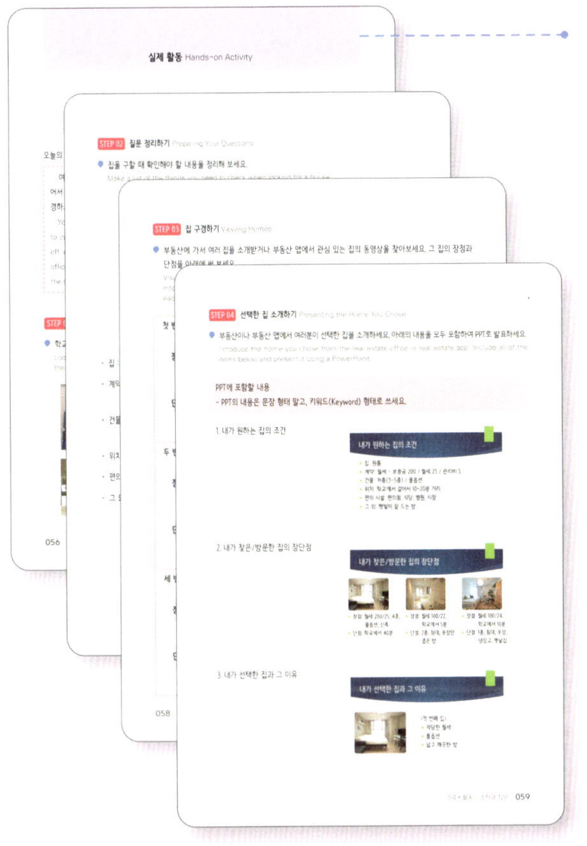

실제 활동 Hands-on Activity

STEP 02 질문 정리하기

집을 구할 때 확인해야 할 내용을 정리해 보세요.

STEP 03 집 구경하기 Viewing Homes

부동산에 가서 여러 집을 소개받거나 부동산 앱에서 관심 있는 집의 동영상을 찾아보세요. 그 집의 장점과 단점을 아래에 써 보세요.

STEP 04 선택한 집 소개하기 Presenting the Home You Chose

부동산이나 부동산 앱에서 여러분이 선택한 집을 소개하세요. 아래의 내용을 모두 포함하여 PPT로 발표하세요.

PPT에 포함할 내용
- PPT의 내용은 문장 형태 말고, 키워드(Keyword) 형태로 쓰세요.

1. 내가 원하는 집의 조건

2. 내가 찾은/방문한 집의 장단점

3. 내가 선택한 집과 그 이유

실제 활동 Hands-on Activity

실제 활동은 앞의 두 과에서 학습한 내용을 바탕으로 주제에 맞는 실제 과제를 단계적으로 수행해 보는 활동입니다. STEP 01부터 STEP 04까지 순서에 따라 과제를 완성해 가며, 학습한 내용을 실제 상황에서 효과적으로 활용할 수 있도록 구성했습니다.

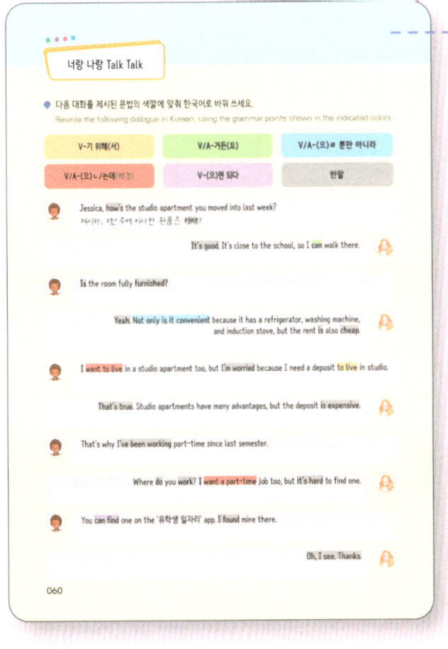

너랑 나랑 Talk Talk

다음 대화를 제시된 문법의 색깔에 맞춰 한국어로 바꿔 쓰세요.
Rewrite the following dialogue in Korean, using the grammar points shown in the indicated colors.

V-기 위해(서)	V/A-거든(요)	V/A-(으)ㄹ 뿐만 아니라
V/A-(으)ㄴ/는데(배경)	V-(으)면 되다	반말

Jessica, how's the studio apartment you moved into last week?

It's good. It's close to the school, so I can walk there.

Is the room fully furnished?

Yeah. Not only is it convenient because it has a refrigerator, washing machine, and induction stove, but the rent is also cheap.

I want to live in a studio apartment too, but I'm worried because I need a deposit to live in studio.

That's true. Studio apartments have many advantages, but the deposit is expensive.

That's why I've been working part-time since last semester.

Where do you work? I want a part-time job too, but it's hard to find one.

You can find one on the '유학생 일자리' app. I found mine there.

Oh, I see. Thanks.

060

너랑 나랑 Talk Talk

말하기에서 학습한 내용을 재구성하여 영어 대화문으로 제시하고, 학습자가 이를 한국어로 바꾸도록 구성했습니다. 이를 통해 앞에서 배운 어휘, 문법, 표현을 재확인할 수 있고, 실제 대화 상황에서처럼 즉각적으로 문장을 만들 수 있도록 구성했습니다.

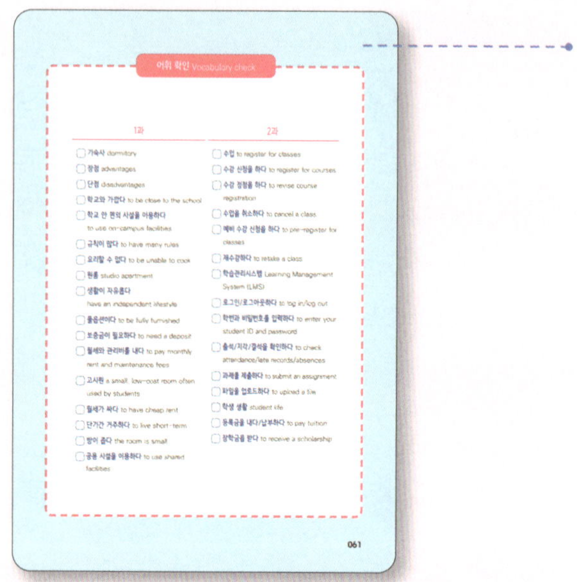

어휘 확인 Vocabulary check

각 과의 어휘를 제시하여 학습자가 스스로 점검해 보도록 했습니다.

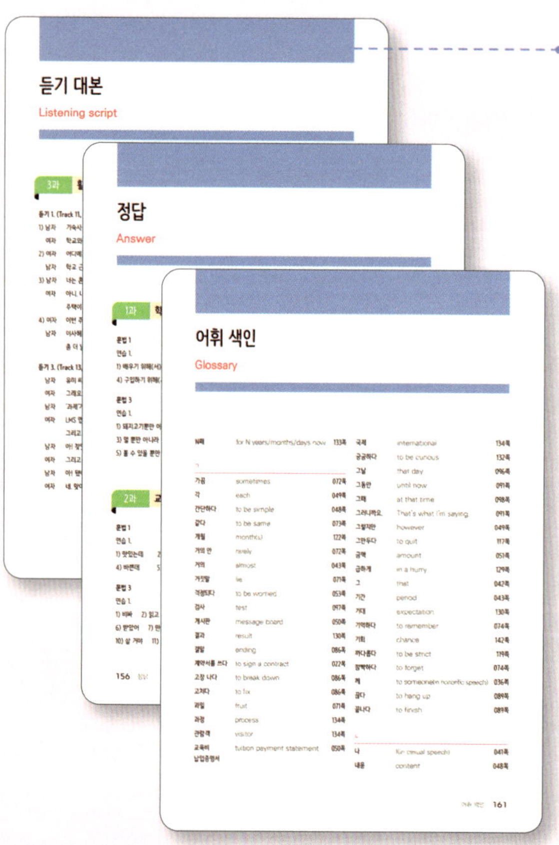

부록 Appendix

듣기 대본, 정답, 어휘 색인을 제공하여 학습자가 해당 과의 내용을 확인할 수 있도록 했습니다. 어휘 색인은 '새 어휘 및 표현'에서 제시한 것만 목록화했습니다.

차례
Contents

머리말 Preface 1

일러두기 How to use this textbook 3

교재 구성표 Scope and sequence 10

등장인물 Characters 14

소식과 정보
News and information

1과 학교와 가까운 곳에 살기 위해서 이사하려고 해요. 17
I'm planning to move so I can live closer to the school.

2과 교수님께 여쭤보거나 LMS에서 확인하면 돼요. 32
You can ask the professor or check it on the LMS.

3과 활동 - 소식과 정보 46
Activity - News and Information

관계와 태도
Relationships and Attitudes

4과 제 친구는 성격이 활발한 편이에요. 65
My friend is quite outgoing.

5과 고민이 있을 때 친구에게 속마음을 털어놓곤 해요. 79
When I have worries, I usually open up to my friend.

6과 활동 - 관계와 태도 94
Activity - Relationships and Attitudes

경험과 도전
Experience and Challenge

7과 아르바이트 때문에 못 올 것 같아요. 109
I don't think I can come because of my part-time job.

8과 열심히 준비한 만큼 좋은 결과가 있을 거예요. 125
Since you prepared so hard, you'll get good results.

9과 활동 - 경험과 도전 138
Activity - Experience and Challenge

부록 Appendix 152

교재 구성표 Scope and sequence

주제 Topic	과 Chapter	제목 Title	어휘 Vocabulary	문법1 Grammar 1	문법2 Grammar 2	문법3 Grammar 3
소식과 정보 News and information	1	학교와 가까운 곳에 살기 위해서 이사하려고 해요. I'm planning to move so I can live closer to the school.	집의 장단점 Advantages and Disadvantages of a House	V-기 위해(서)	V/A-거든(요)	V/A-(으)ㄹ 뿐만 아니라
	2	교수님께 여쭤보거나 LMS에서 확인하면 돼요. You can ask the professor or check it on the LMS.	대학 생활 College Life	V/A-(으)ㄴ/는데 (배경)	V-(으)면 되다	반말 (V/A-아/어/해)
	3	활동 - 소식과 정보 Activity - News and Information				
관계와 태도 Relationships and Attitudes	4	제 친구는 성격이 활발한 편이에요. My friend is quite outgoing.	성격 Personality	A-아/어/해 보이다	V/A-(으)ㄴ/는 편이다	V/A-잖아(요)
	5	고민이 있을 때 친구에게 속마음을 털어놓곤 해요. When I have worries, I usually open up to my friend.	갈등과 해결 Conflict and Resolution	V-곤 하다	V/A-아/어/해도	V-자마자

교재 구성표 Scope and sequence

말하기 Speaking	듣기 Listening	읽기 Reading	쓰기 Writing	실제 활동 Hands-on Activity	너랑 나랑 Talk Talk
이사한 이유 말하기 Talking About the Reasons for Moving					
수강 신청 문제 해결하기 Solving Course Registration Problems					
	소식과 정보에 관한 대화 듣기 Listening to Conversations About News and Information	소식과 정보에 관한 글 읽기 Reading Texts About News and Information	소식과 정보에 관한 글쓰기 Writing About News and Information	부동산에서 원하는 집 찾기 Finding the House You Want at a Real Estate Agency	소식과 정보에 대한 대화 A Conversation About News and Information
성격이 바뀐 이유 말하기 Talking About the Reasons a Personality Has Changed					
기분이 안 좋은 이유 말하기 Talking About the Reasons You Feel Upset					

교재 구성표 Scope and sequence

주제 Topic	과 Chapter	제목 Title	어휘 Vocabulary	문법1 Grammar 1	문법2 Grammar 2	문법3 Grammar 3
	6	활동 - 관계와 태도 Activity - Relationships and Attitudes				
경험과 도전 Experience and Challenge	7	아르바이트 때문에 못 올 것 같아요. I don't think I can come because of my part-time job.	대학에서의 경험 Experiences at University	V/A-(으)ㄴ/는/(으)ㄹ 것 같다	V-(으)려면	V/A-기는(요)
	8	열심히 준비한 만큼 좋은 결과가 있을 거예요. Since you prepared so hard, you'll get good results.	대학 활동 University Activities	V-다가	V/A-(으)ㄴ/는 만큼	V-ㄴ/는다, A-다
	9	활동 - 경험과 도전 Activity - Experience and Challenge				

교재 구성표 Scope and sequence

말하기 Speaking	듣기 Listening	읽기 Reading	쓰기 Writing	실제 활동 Hands-on Activity	너랑 나랑 Talk Talk
	관계와 태도에 관한 대화 듣기 Listening to Conversations About Relationships and Attitudes	관계와 태도에 관한 글 읽기 Reading Texts About Relationships and Attitudes	관계와 태도에 관한 글쓰기 Writing About Relationships and Attitudes	나와 잘 맞는 친구 찾기 Finding a Friend Who Matches Well With Me	관계와 태도에 대한 대화 A Conversation About Relationships and Attitudes
아르바이트 구하기 Looking for a Part-Time Job					
말하기 대회 참가 경험 말하기 Talking About Your Experience Participating in a Speaking Contest					
	경험과 도전에 관한 대화 듣기 Listening to Conversations About Experience and Challenge	경험과 도전에 관한 글 읽기 Reading Texts About Experience and Challenge	경험과 도전에 관한 글쓰기 Writing About Experience and Challenge	유학생 대상 비교과 프로그램 제안하기 Proposing Extracurricular Programs for International Students	경험과 도전에 대한 대화 A Conversation About Experience and Challenge

등장인물
Characters
무하마드 Muhammad
우즈베키스탄
제시카 Jessica
영국
잭 Jack
미국
가브리엘 Gabriel
브라질
카나 Kana
일본
하오란 Haolan
중국
샤르마 Sharma
네팔

마카우 Macau
케냐
다말 Damal
이집트
프엉 Phuong
베트남
김유미 Kim Yumi
한국
이하준 Lee Hajun
한국

소식과 정보

News and information

1과

학교와 가까운 곳에 살기 위해서 이사하려고 해요.

I'm planning to move so I can live closer to the school.

2과

교수님께 여쭤보거나 LMS에서 확인하면 돼요.

You can ask the professor or check it on the LMS.

3과

활동 - 소식과 정보

Activity - News and Information

1 과

Chapter 1

학교와 가까운 곳에 살기 위해서 이사하려고 해요.

I'm planning to move so I can live closer to the school.

어휘 집의 장단점
Advantages and Disadvantages of a House

문법 1 V-기 위해(서)

문법 2 V/A-거든(요)

문법 3 V/A-(으)ㄹ 뿐만 아니라

말하기 이사한 이유 말하기
Talking About the Reasons for Moving

어휘 Vocabulary

※ 여러분은 한국에서 어디에 살고 있어요? 여러분이 사는 집의 장단점을 이야기해 보세요.

Where do you live in Korea? Talk about the advantages and disadvantages of the house you live in.

기숙사

장점
- 학교와 가깝다
- 교내 편의 시설을 이용하다

단점
- 규칙이 많다
- 요리할 수 없다

원룸

장점
- 생활이 자유롭다
- 풀옵션이다

단점
- 보증금이 필요하다
- 월세와 관리비를 내다

고시원

장점
- 월세가 싸다
- 단기간 거주하다

단점
- 방이 좁다
- 공용 시설을 이용하다

주택/아파트

장점
- 집이 넓다
- 여러 명이 함께 살다

단점
- 월세/전세가 비싸다
- 가구와 전자제품을 구입하다

문법 1 Grammar 1 V-기 위해(서)

V-기 위해(서)

- 'V-기 위해(서)'는 어떤 일의 목적을 말할 때 사용해요. 동사의 받침 유무와 관계없이 'V-기 위해(서)'를 써요.
  'V-기 위해(서)' is used to express the purpose of an action. You can use 'V-기 위해(서)' regardless of whether the verb ends with a final consonant or not.
- 명사와 결합할 때는 'N을/를 위해(서)'로 사용해요. 명사에 받침이 있으면 'N을 위해(서)', 받침이 없으면 'N를 위해(서)'를 써요.
  When combined with a noun, it is used as 'N을/를 위해(서)'. If the noun ends with a final consonant, use 'N을 위해(서)', and if it does not, use 'N를 위해(서)'.

001

가 다말 씨, 다음 학기에도 원룸에 살 거예요?
나 아니요. 학교와 가까운 곳에 **살기 위해서** 이사하려고 해요. 지금 사는 원룸은 학교에서 멀어요.

가 Damal, are you going to live in a studio apartment next semester too?
나 No. I'm planning to move so I can live closer to the school. The studio apartment I live in now is far from the campus.

연습 Practice 1

● 보기 와 같이 'V-기 위해(서)', 'N을/를 위해(서)'를 사용해서 밑줄에 알맞은 말을 쓰세요.
Fill in the blanks using 'V-기 위해(서)' or 'N을/를 위해(서)' just like in the 보기 .

보기 교내 편의 시설을 이용하기 위해서 기숙사에 살아요.

1) 한국어를 ______________ 한국에 왔어요.

2) ______________ 매일 헬스장에서 운동해요.

새 어휘 및 표현 Words and Expressions

이사하다 to move out

3) 관리비를 ______________________ 은행에서 돈을 뽑았어요.

4) 가구와 전자제품을 ______________________ 쇼핑몰에 갔어요.

5) 내년에 우리나라로 돌아갈 거예요. 그래서 단기간 ______________________ 고시원을 찾고 있어요.

연습 Practice 2

● 보기 와 같이 'V-기 위해(서), 'N을/를 위해(서)'를 사용해서 친구와 이야기해 보세요.
Talk with your partner using 'V-기 위해(서)' and 'N을/를 위해(서)' just like in the 보기 .

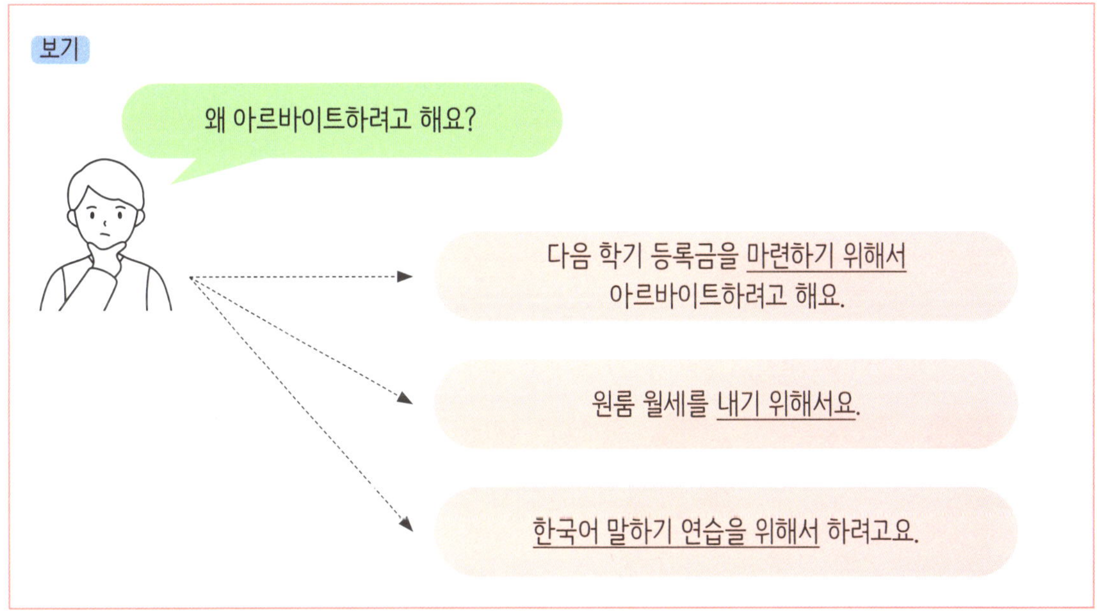

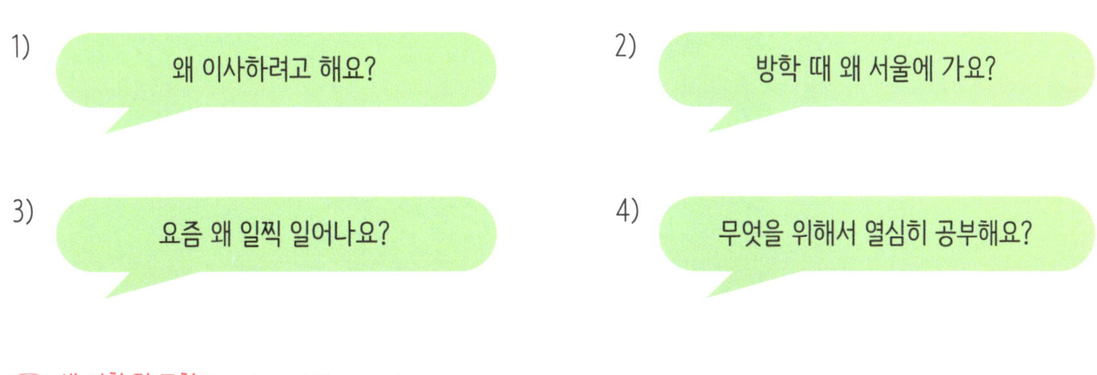

새 어휘 및 표현 Words and Expressions

돈을 뽑다 to withdraw money 찾다 to look for 등록금 tuition 마련하다 to prepare 일어나다 to get up

문법 2 Grammar 2 V/A-거든(요)

V/A-거든(요)

· 'V/A-거든(요)'는 말하는 사람이 상대방이 알지 못하는 이유나 사실을 말할 때 사용해요. 동사, 형용사의 받침 유무와 관계없이 'V/A-거든(요)'를 써요.

'V/A-거든(요)' is used when the speaker gives a reason or information that the listener does not know. You can use 'V/A-거든(요)' regardless of whether the verb or adjective ends with a final consonant or not.

· 명사와 결합할 때는 'N(이)거든(요)'로 사용해요. 명사에 받침이 있으면 'N이거든요', 받침이 없으면 'N거든(요)'를 써요.

When combined with a noun, it is used as 'N(이)거든(요)'. If the noun ends with a final consonant, use 'N이거든요', and if it does not, use 'N거든(요)'.

002

가 하준 씨, 어제 왜 부동산에 갔어요?

나 다음 주에 원룸으로 **이사하거든요**.
집주인과 만나서 계약서를 썼어요.

가 Hajun, why did you go to the real estate agency yesterday?

나 I'm moving into a studio apartment next week. I met the landlord and signed the contract.

새 어휘 및 표현 Words and Expressions

부동산 real estate 집주인 landlord 계약서를 쓰다 to sign a contract

연습 Practice 1

● 보기 와 같이 'V/A-거든(요), N(이)거든(요)'를 사용해서 밑줄에 알맞은 말을 쓰세요.
Fill in the blanks using 'V/A-거든(요)' and 'N(이)거든(요)' just like in the 보기 .

보기 가 고시원은 월세가 싸니까 좋겠어요.
나 네. 하지만 공용 시설을 이용해야 해서 불편해요. 화장실도 다른 사람과 함께 쓰거든요.

1) 가 마카우 씨는 혼자 살아요?

나 아니요. 친구하고 같이 살아요. 아파트에 살아서 집이 ____________________.

2) 가 잭 씨, 주말에 뭐 했어요?

나 병원에 갔어요. 몸살이 나고 열도 많이 ____________________.

3) 가 유미 씨는 경주에 가 봤어요?

나 그럼요. 경주가 제 ____________________. 방학 때마다 경주에 가서 부모님과 친구들을 만나요.

4) 가 제시카 씨는 기숙사에 사니까 학교와 가까워서 좋겠어요.

나 네, 맞아요. 하지만 요리할 수 없어서 불편해요. 저는 요리하는 것을 ____________________.

새 어휘 및 표현 Words and Expressions

함께 쓰다 to share

연습 Practice 2

● 보기 와 같이 'V/A-거든(요)'를 사용해서 질문에 대답해 보세요.
Answer the questions using 'V/A-거든(요)' just like in the 보기 .

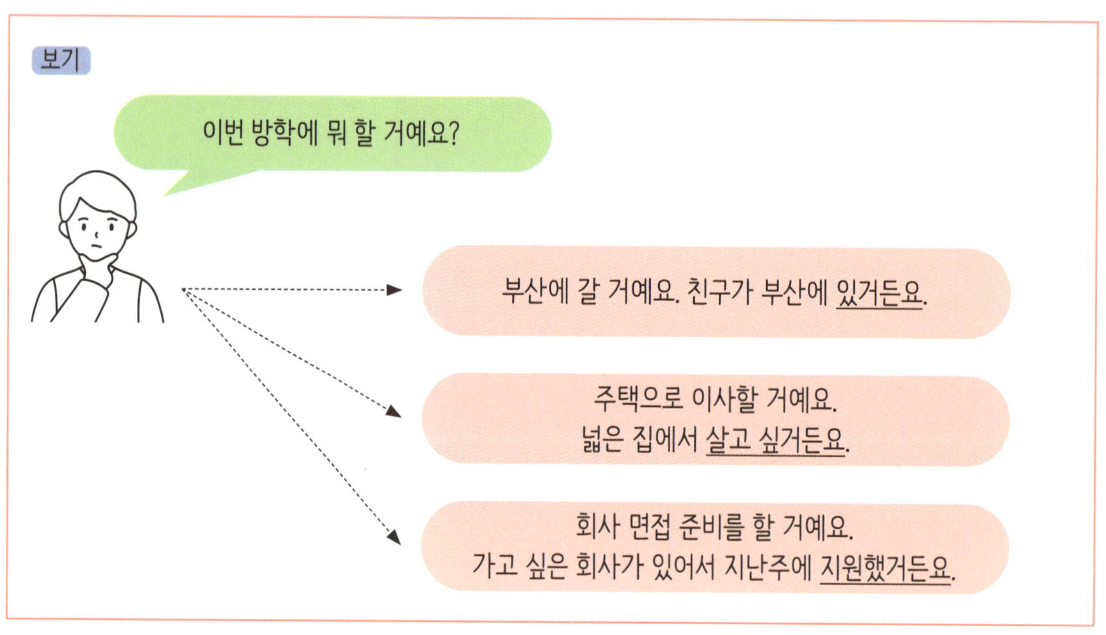

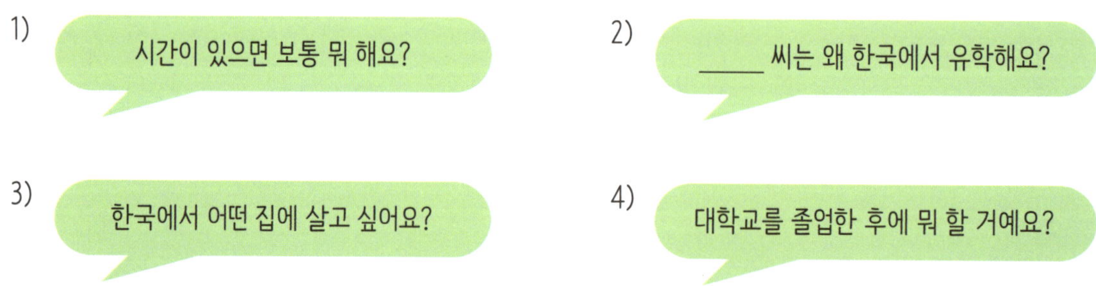

새 어휘 및 표현 Words and Expressions

지원하다 to apply

문법 3 Grammar 3 V/A-(으)ㄹ 뿐만 아니라

V/A-(으)ㄹ 뿐만 아니라

· 'V/A-(으)ㄹ 뿐만 아니라'는 앞말의 내용에 더해 뒷말의 내용까지 영향이 있음을 나타낼 때 사용해요. 동사, 형용사에 받침이 있으면 'V/A-을 뿐만 아니라', 받침이 없거나 'ㄹ' 받침이 있으면 'V/A-ㄹ 뿐만 아니라'를 써요.

'V/A-(으)ㄹ 뿐만 아니라' is used to indicate that the following statement adds to or extends the meaning of the preceding statement. If the verb or adjective ends with a final consonant, use 'V/A-을 뿐만 아니라', and if it does not or ends with the consonant 'ㄹ', use 'V/A-ㄹ 뿐만 아니라'.

· 'V/A-(으)ㄹ 뿐만 아니라'는 주로 앞말보다는 뒷말을 강조함을 나타내요. 그래서 뒷말에 'N도', 'N까지'와 함께 자주 사용해요.

'V/A-(으)ㄹ 뿐만 아니라' usually emphasizes the part that follows rather than the part that comes before it. For this reason, it is often used together with 'N도' or 'N까지' in the following clause.

· 명사와 결합할 때는 받침 유무와 관계없이 'N뿐만 아니라'로 써요.

When combined with a noun, it is written as 'N뿐만 아니라' regardless of whether the noun ends with a final consonant or not.

003

가 하준 씨, 원룸에 살면 뭐가 좋아요?

나 생활이 **자유로울 뿐만 아니라** 풀옵션이라서 편리해요.

가 Hajun, what's good about living in a studio apartment?

나 Not only can I have an independent lifestyle, but it's also convenient because it comes fully furnished.

새 어휘 및 표현 Words and Expressions

편리하다 to be convenient

연습 Practice 1

● **보기** 와 같이 'V/A-(으)ㄹ 뿐만 아니라', 'N뿐만 아니라'를 사용해서 밑줄에 알맞은 말을 쓰세요.
Fill in the blanks using 'V/A-(으)ㄹ 뿐만 아니라' and 'N뿐만 아니라' just like in the **보기**.

보기 기숙사는 규칙이 <u>많을 뿐만 아니라</u> 요리도 할 수 없어서 불편해요.

1) 다말 씨는 무슬림이에요. 그래서 ________________ 술도 안 먹어요.

2) 제 친구는 가수처럼 노래를 ________________ 키도 크고 멋있어서 인기가 많아요.

3) 지금 사는 원룸은 학교에서 ________________ 교통도 불편해서 학교 근처로 이사하려고 해요.

4) 한국의 여름 날씨는 덥고 기온이 ________________ 습해서 에어컨이 없으면 생활이 힘들어요.

5) 한옥 마을에 가면 한국 전통 음악 공연을 ________________ 한국 춤과 노래도 배울 수 있어요.

새 어휘 및 표현 Words and Expressions

불편하다 to be uncomfortable, inconvenient　무슬림 Muslim　쉽게 easily

연습 Practice 2

● **보기** 와 같이 'V/A-(으)ㄹ 뿐만 아니라', 'N뿐만 아니라'를 사용해서 아래 주제에 대해 친구와 이야기해 보세요.

Talk with your partner about the topic below using 'V/A-(으)ㄹ 뿐만 아니라' and 'N뿐만 아니라' just like in the **보기** .

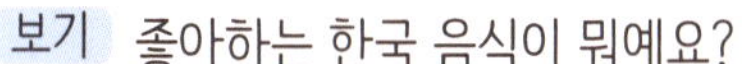

보기 좋아하는 한국 음식이 뭐예요?

제가 좋아하는 한국 음식은 김밥이에요. 김밥은 가격이 <u>싼 뿐만 아니라</u> 맛있거든요.

저는 호떡을 좋아해요. 호떡은 달고 <u>맛있을 뿐만 아니라</u> 길에서도 쉽게 먹을 수 있거든요.

1) 지금 사는 집이 어때요?

2) 좋아하는 영화/노래/책이 뭐예요?

3) 한국 유학 생활이 어때요?

4) 좋아하는 가수/운동선수/배우가 누구예요?

새 어휘 및 표현 Words and Expressions

운동선수 athlete　배우 actor

말하기 Speaking

※ 그림을 보고 순서대로 이야기를 완성하여 말해 보세요.
Look at the pictures and complete the story in order, then tell it.

제시카 씨가 원룸으로 이사했습니다. 왜 이사했는지, 이사한 집은 어떤지 이야기해 보세요.
Jessica has moved into a studio apartment. Talk about why she moved and what her new place is like.

004

제시카 씨는 지난주에 원룸으로 이사했어요. 이전의 집은 학교와 멀어서 **힘들었거든요**. 새로 이사한 원룸은 학교와 가까워서 걸어서 갈 수 있어요. 그리고 풀옵션이라서 **편리할 뿐만 아니라** 월세도 싸서 좋아요.
Jessica moved into a studio apartment last week. Her previous place was far from the school, so it was difficult for her. The new studio apartment is close to the school, so she can walk there. And not only is it convenient because it's fully furnished, but the rent is also cheap, so she likes it.

새 어휘 및 표현 Words and Expressions

이전 previous

대화 Dialogue

005

무하마드	제시카 씨, 지난주에 이사한 원룸은 어때요?
제시카	좋아요. 학교와 가까워서 걸어서 갈 수 **있거든요**.
무하마드	방은 풀옵션이에요?
제시카	네. 냉장고, 세탁기, 인덕션이 있어서 **편리할 뿐만 아니라** 월세도 싸요.
무하마드	좋겠어요. 저도 다음 학기에 원룸으로 이사하려고 해요.
제시카	왜요? 기숙사가 불편해요?
무하마드	불편하**지 않**지만 부엌이 없으니까 요리를 할 수 없어요. 저는 요리하는 걸 **좋아하거든요**.
제시카	요리하는 걸 좋아하면 부엌이 필요하겠어요.
무하마드	네, 그래서 원룸에 살고 싶어요. 그런데 원룸에 **살기 위해서**는 보증금이 필요하니까 좀 고민이에요.
제시카	맞아요. 원룸은 장점이 많지만 보증금이 비싸서 문제예요.

하나 더 Extra tips

'V/A-지 않다'는 앞말이 나타내는 행위나 상태를 부정할 때 사용해요.

'V/A-지 않다' is used to negate the action or state expressed in the preceding word.

Muhammad	Jessica, how is the studio apartment you moved into last week?
Jessica	It's nice. It's close to the school, so I can walk there.
Muhammad	Is the room fully furnished?
Jessica	Yes. Not only is it convenient because it has a refrigerator, a washing machine, and an induction stove, but the rent is also cheap.
Muhammad	That sounds great. I'm planning to move into a studio apartment next semester, too.
Jessica	Why? Is the dormitory uncomfortable?
Muhammad	It's not uncomfortable, but since there's no kitchen, I can't cook. I like cooking, you know.
Jessica	If you like cooking, then you must need a kitchen.
Muhammad	Yes, that's why I want to live in a studio apartment. But I'm a bit worried because you need a deposit to live in studio apartment.
Jessica	That's true. Studio apartments have many advantages, but the high deposit is a problem.

새 어휘 및 표현 Words and Expressions

냉장고 refrigerator　세탁기 washing machine　인덕션 induction cooktop　부엌 kitchen　문제 problem

※ 그림을 보고 순서대로 이야기를 완성하여 말해 보세요

Look at the pictures and complete the story in order, then tell it.

무하마드 씨가 주택으로 이사했습니다. 왜 이사했는지, 이사한 집은 어떤지 'V/A-거든(요)'와 'V/A-(으)ㄹ 뿐만 아니라'를 사용해서 이야기해 보세요.

Muhammad has moved into a house. Using 'V/A-거든(요)' and 'V/A-(으)ㄹ 뿐만 아니라', talk about why he moved and what the new house is like.

※ 위의 이야기를 포함한 대화를 친구와 만들어 보세요.

Create a dialogue with your partner that includes the story above.

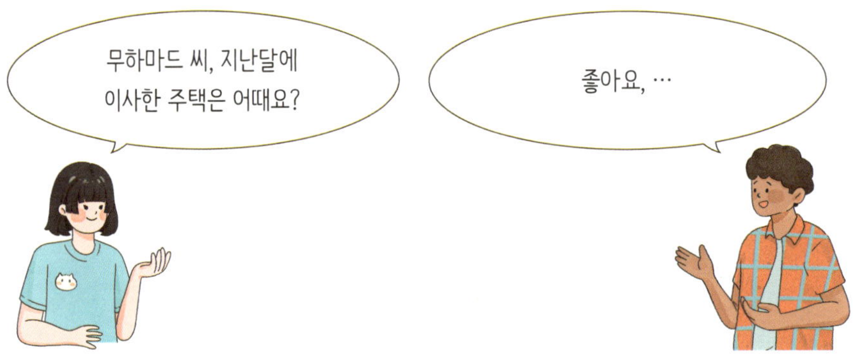

메모

2과

Chapter 2

교수님께 여쭤보거나 LMS에서 확인하면 돼요.

You can ask the professor or check it on the LMS.

어휘 대학 생활
College Life

문법 1 V/A-(으)ㄴ/는데(배경)

문법 2 V-(으)면 되다

문법 3 반말(V/A-아/어/해)

말하기 수강 신청 문제 해결하기
Solving Course Registration Problems

※ 여러분은 대학 생활하면서 궁금한 점이 있어요? 아래 표현을 사용해 이야기해 보세요.

Do you have any questions about your college life? Use the expressions below and talk about them.

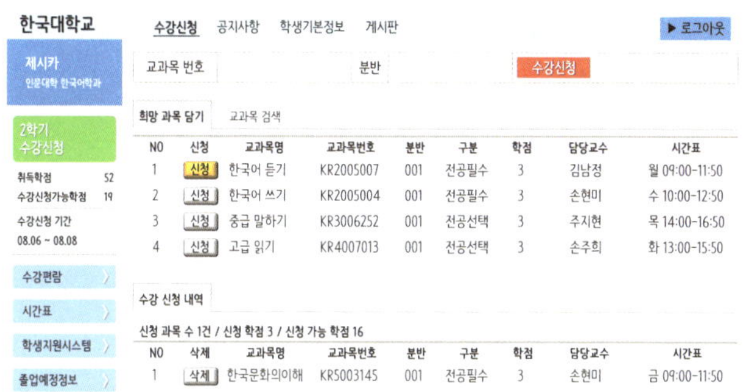

NO	신청	교과목명	교과목번호	분반	구분	학점	담당교수	시간표
1	신청	한국어 듣기	KR2005007	001	전공필수	3	김남정	월 09:00-11:50
2	신청	한국어 쓰기	KR2005004	001	전공필수	3	손현미	수 10:00-12:50
3	신청	중급 말하기	KR3006252	001	전공선택	3	주지현	목 14:00-16:50
4	신청	고급 읽기	KR4007013	001	전공선택	3	손주희	화 13:00-15:50

NO	삭제	교과목명	교과목번호	분반	구분	학점	담당교수	시간표
1	삭제	한국문화의이해	KR5003145	001	전공필수	3	손현미	금 09:00-11:50

수업

- 수강 신청을 하다
- 수강 정정을 하다
- 수업을 취소하다
- 예비 수강 신청을 하다
- 재수강하다

학습관리시스템(LMS)

- 로그인/로그아웃하다
- 학번과 비밀번호를 입력하다
- 출석/지각/결석을 확인하다
- 과제를 제출하다
- 파일을 업로드하다

학생 생활

- 등록금을 내다/납부하다
- 장학금을 받다
- 증명서를 발급 받다
- 의료보험에 가입하다
- 모바일 학생증을 발급 받다

문법 1 Grammar 1 V/A-(으)ㄴ/는데(배경)

V/A-(으)ㄴ/는데(배경)

· 'V/A-(으)ㄴ/는데'는 뒤에 이어질 말을 하기 위해서 그와 관련된 배경이나 상황을 나타낼 때 사용해요. 동사의 경우, 받침 유무와 관계없이 'V-는데'를 써요. 형용사의 경우, 받침이 있으면 'A-은데', 받침이 없으면 'A-ㄴ데'를 써요.

'V/A-(으)ㄴ/는데' is used to present background information or a situation related to what will be said next. For verbs, use 'V-는데' regardless of whether the verb ends with a final consonant. For adjectives, use 'A-은데' if the adjective ends with a final consonant, and 'A-ㄴ데' if it does not.

· 명사와 결합할 때는 받침 유무와 관계없이 'N인데'로 써요.

When combined with a noun, it is written as 'N인데' regardless of whether the noun ends with a final consonant or not.

006

가 TOPIK 수업을 **듣고 싶은데** 너무 어려워서 고민이에요.
나 다음 주까지 수강 정정할 수 있으니까 한 주 더 들어 보세요.

가 I want to take the TOPIK class, but it's too difficult, so I'm not sure what to do.
나 You can change your course registration until next week, so try taking it for one more week.

연습 Practice 1

● 보기 와 같이 'V/A-(으)ㄴ/는데', 'N인데'를 사용해서 밑줄에 알맞은 말을 쓰세요.
Fill in the blanks using 'V/A-(으)ㄴ/는데' and 'N인데' just like in the 보기.

보기 집에 가는데 배가 고파서 편의점에서 삼각김밥을 샀어요.

1) 유미 씨, 저 커피숍 커피가 ____________________ 한잔 마실까요?

2) 이 사람이 제가 좋아하는 ____________________ 노래를 진짜 잘해요.

3) 교수님, 어제 LMS에 과제를 ____________________ 확인 좀 부탁드립니다.

새 어휘 및 표현 Words and Expressions

부탁드리다 to favor(in honorific speech)

4) 오늘은 발표 준비를 해야 해서 좀 ________________ 내일 만나는 게 어때요?

5) 수업을 ________________ 뒤에 앉은 학생이 계속 떠들어서 수업에 집중할 수가 없어요.

연습 Practice 2

보기 와 같이 'V/A-(으)ㄴ/는데', 'N인데'를 사용해서 친구와 이야기해 보세요.
Talk with your partner using 'V/A-(으)ㄴ/는데' and 'N인데' just like in the 보기 .

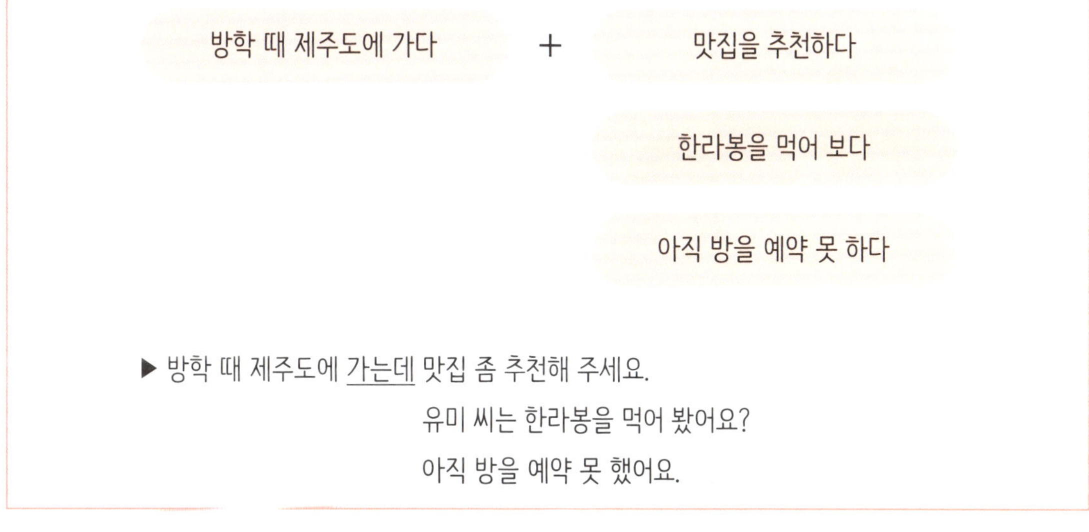

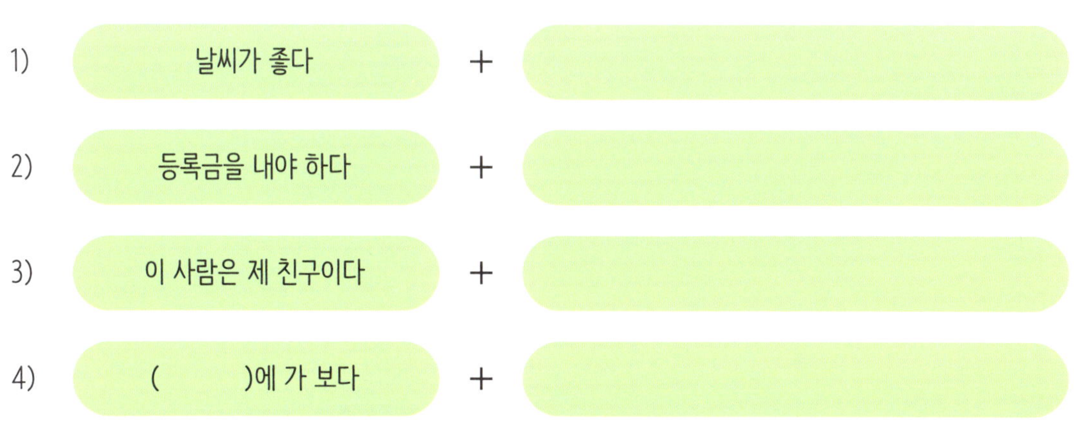

새 어휘 및 표현 Words and Expressions

집중하다 to focus

문법 2 Grammar 2 V-(으)면 되다

V-(으)면 되다

· 'V-(으)면 되다'는 어떤 일에 대한 해결 방법을 나타낼 때 사용해요. 동사에 받침이 있으면 'V-으면 되다', 받침이 없거나 'ㄹ' 받침이 있으면 'V-면 되다'를 사용해요.

'V-(으)면 되다' is used to express a solution to a problem or a way to resolve a situation. If the verb ends with a final consonant, use 'V-으면 되다', and if it does not or ends with the consonant 'ㄹ', use 'V-면 되다'.

007

가 결석 시간을 확인하고 싶은데 어떻게 해야 해요?
나 교수님께 여쭤보거나 LMS에서 **확인하면 돼요**.

가 I want to check my total absences in hours. What should I do?
나 You can ask the professor or check it on the LMS.

새 어휘 및 표현 Words and Expressions

께 to someone(in honorific speech)　여쭤보다 to ask(in honorific speech)

연습 Practice 1

- 보기 와 같이 'V-(으)면 되다'를 사용해서 밑줄에 알맞은 말을 쓰세요.
  Fill in the blanks using 'V-(으)면 되다' just like in the 보기 .

보기 가 언제까지 등록금을 납부해야 해요?
나 8월 25일까지 내면 돼요.

1) 가 마카우 씨, LMS로 과제 제출하는 방법을 알아요?

나 네. 아주 쉬워요. 과제 파일을 여기에 ____________________.

2) 가 다음 주에 해외여행을 가는데 여권을 잃어버렸어요.

나 신분증과 여권 사진만 있으면 다시 ____________________. 걱정하지 마세요.

3) 가 아, 현금이 없는데 근처에 가까운 은행이 있어요?

나 1층에 ATM이 있으니까 거기에서 돈을 ____________________.

4) 가 수강 정정을 하고 싶은데 어떻게 해야 해요?

나 먼저 신청한 수업을 취소한 후에 듣고 싶은 수업을 ____________________.

새 어휘 및 표현 Words and Expressions

잃어버리다 to lose 현금 cash

연습 Practice 2

● 보기 와 같이 'V-(으)면 되다'를 사용해서 고민에 대한 해결 방법을 말해 보세요.
Explain a solution to the problem using 'V-(으)면 되다' just like in the 보기 .

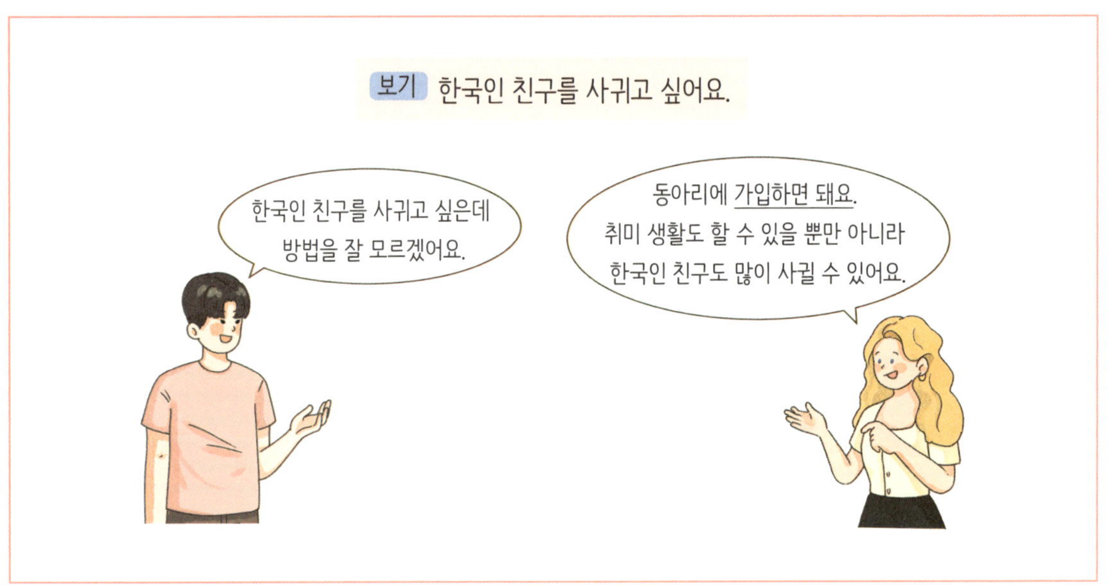

1) 이번 학기에 꼭 장학금을 받고 싶어요.

2) 외국인 등록증을 잃어버렸어요.

3) 학교에서 공항까지 가려고 하는데 어떻게 가요?

4) 성적 증명서를 발급 받고 싶은데 어떻게 해야 해요?

새 어휘 및 표현 Words and Expressions

외국인 등록증 alien registration card

문법 3 Grammar 3 반말(V/A-아/어/해)

반말(V/A-아/어/해)

- 반말(V/A-아/어/해)은 비격식적인 상황에서 상대방이 말하는 사람보다 나이가 어리거나 서로 친한 사이일 때 사용해요. 현재 시제 'V/A-아/어요'의 경우, 동사, 형용사 어간이 'ㅏ, ㅗ'로 끝나면 'V/A-아', '-하다'로 끝나면 'V/A-해', 그 외 모음으로 끝나면 'V/A-어'를 써요. 'N이에요/예요'의 경우, 명사에 받침이 있으면 'N이야', 받침이 없으면 'N야'를 써요

  반말 (V/A-아/어/해) is used in informal situations when the listener is younger than the speaker or when the two people are close. For the present tense form 'V/A-아/어요', if the verb or adjective stem ends in the vowels 'ㅏ' or 'ㅗ', use 'V/A-아'; if it ends in '-하다', use 'V/A-해'; and if it ends in any other vowel, use 'V/A-어'. For 'N이에요/예요', use 'N이야' if the noun ends with a final consonant, and 'N야' if it does not.

- 과거 시제 'V/A-았/었/했어요'의 경우, 동사, 형용사 어간이 'ㅏ, ㅗ'로 끝나면 'V/A-았어', '-하다'로 끝나면 'V/A-했어', 그 외 모음으로 끝나면 'V/A-었어'를 사용해요. 'N이었어요/였어요'의 경우, 명사에 받침이 있으면 'N이었어', 받침이 없으면 'N였어'를 써요.

  For the past tense form 'V/A-았/었/했어요', if the verb or adjective stem ends in the vowels 'ㅏ' or 'ㅗ', use 'V/A-았어'. If it ends in '-하다', use 'V/A-했어'. If it ends in any other vowel, use 'V/A-었어'. For 'N이었어요/였어요', use 'N이었어' if the noun ends with a final consonant, and use 'N였어' if it does not.

- 미래 시제 'V/A-(으)ㄹ 거예요'의 경우, 동사, 형용사에 받침이 있으면 'V/A-을 거야', 받침이 없거나 'ㄹ' 받침이 있으면 'V/A-ㄹ 거야'를 사용해요. 'N일 거예요'의 경우, 명사의 받침 유무와 관계없이 'N일 거야'를 써요.

  For the future tense form 'V/A-(으)ㄹ 거예요', if the verb or adjective ends with a final consonant, use 'V/A-을 거야', and if it does not or ends with the consonant 'ㄹ', use 'V/A-ㄹ 거야'. For 'N일 거예요', use 'N일 거야' regardless of whether the noun ends with a final consonant or not.

- 반말로 대답할 때는 '네'의 경우 '응', '아니요'의 경우, '아니'로 말해요.

  When responding in informal speech, use '응' instead of '네', and use '아니' instead of '아니요'.

008

가 오늘 오후에 뭐 **해**?
나 아르바이트가 **있어**. 너도 오늘 **아르바이트해**?
가 **아니**. 오늘은 **없어**.

가 What are you doing this afternoon?
나 I have a part-time job. Do you have work today too?
가 No, I don't. Not today.

새 어휘 및 표현 Words and Expressions

너 you(in casual speech)

연습 Practice 1

보기 와 같이 반말을 사용해서 밑줄에 알맞은 말을 쓰세요.
Fill in the blanks using informal speech just like in the 보기 .

보기 오늘은 휴강이라서 학교에 안 가요. ▶ 오늘은 휴강이라서 학교에 안 가.

1) 대학교 등록금이 비싸요. ▶ 대학교 등록금이 ____________.

2) 무슨 책을 읽고 있어요? ▶ 무슨 책을 ____________?

3) 로그인 비밀번호가 뭐예요? ▶ 로그인 비밀번호가 ____________?

4) 이번 학기에 한국 문화 수업을 재수강해요. ▶ 이번 학기에 한국 문화 수업을 ____________.

5) 아직 과제를 제출 못 했어요. ▶ 아직 과제를 제출 못 ____________.

6) 지난 학기에 장학금을 받았어요. ▶ 지난 학기에 장학금을 ____________.

7) 어제 모바일 학생증을 만들었어요. ▶ 어제 모바일 학생증을 ____________.

8) 여기가 기숙사였어요. ▶ 여기가 ____________.

9) 오늘 저녁에 뭐 먹을 거예요? ▶ 오늘 저녁에 뭐 ____________?

10) 다음 학기부터는 원룸에 살 거예요. ▶ 다음 학기부터는 원룸에 ____________.

11) 가 예비 수강 신청을 했어요? ▶ 예비 수강 신청을 ____________?

나 네, 어제 했어요. ▶ ________. 어제 ____________.

아니요. 안 했어요. ▶ ________. 안 ____________.

연습 Practice 2

보기 와 같이 반말을 사용해서 친구와 이야기해 보세요.
Talk with your partner using informal speech just like in the 보기 .

보기

1) 한국어 공부가 어때?

2) 주말에 뭐 했어?

3) 생일이 언제야?

4) 금요일에 수업이 있어?

5) 시간이 있을 때 보통 뭐 해?

6) 이번 방학에 뭐 할 거야?

새 어휘 및 표현 Words and Expressions

나 I(in casual speech)

말하기 Speaking

※ 그림을 보고 순서대로 이야기를 완성하여 말해 보세요.

Look at the pictures and complete the story in order, then tell it.

샤르마 씨가 듣고 싶은 과목이 있는데 신청을 못 했습니다. 왜 그 과목이 듣고 싶은지, 어떻게 그 문제를 해결할 수 있을지 이야기해 보세요.

Sharma wanted to take a certain class but wasn't able to register for it. Talk about why she wants to take the class and how she can solve the problem.

009

샤르마 씨는 '중급 TOPIK' 과목을 **듣고 싶은데** 사람이 많아서 신청을 못 했어요. TOPIK 4급을 따야 해서 그 수업이 정말 필요하거든요. 그 수업을 꼭 듣고 싶으면 수강 정정 기간까지 기다려야 해요. 수업을 취소하는 사람이 생기면 **신청하면 되거든요**.

Sharma wants to take the '중급 TOPIK' class, but she couldn't register because there were too many students. She really needs the class because she must get TOPIK Level 4. If she really wants to take it, she has to wait until the course revision period. If someone cancels the class, she can register then.

새 어휘 및 표현 Words and Expressions

인원 number of people　그 that

대화 Dialogue

010

샤르마	마카우, 이번 주 금요일까지 수강 **신청인데** 다했어?
마카우	응. 어제 했어. 너는?
샤르마	거의 **다했는데** 한 과목은 아직 못 했어. 듣고 싶은 수업이 **있는데** 신청한 사람이 너무 많거든.
마카우	무슨 과목이야?
샤르마	'중급 TOPIK' **수업인데** 올해 TOPIK 시험을 칠 거라서 꼭 듣고 싶어.
마카우	나도 지난 학기에 **들었는데** 도움이 많이 되었어.
샤르마	이번 학기에 TOPIK 4급을 따야 해서 그 수업이 정말 필요해.
마카우	그럼 수강 정정 기간까지 기다려 봐. 수업을 취소하는 사람이 생기면 **신청하면 돼**.
샤르마	취소하는 사람이 없으면 어떡해?
마카우	교수님께 이메일을 보내거나 교수님 연구실로 직접 가서 한번 부탁드려 봐.

하나 더 Extra tips

명령이나 요청의 뜻을 나타내는 'V-(으)세요'의 반말은 'V-아/어/해'예요. '가세요'는 '가', '읽으세요'는 '읽어', '하세요'는 '해'로 말해요.

The informal form of 'V-(으)세요', which is used to express a command or request, is 'V-아/어/해'. '가세요' becomes '가', '읽으세요' becomes '읽어', and '하세요' becomes '해'.

Sharma	Macau, course registration is open until this Friday. Did you finish everything?
Macau	Yeah, I did it yesterday. What about you?
Sharma	I'm almost done, but there's one class I still couldn't register for. I really want to take it, but too many students have already signed up.
Macau	What class is it?
Sharma	It's the '중급 TOPIK' class. I really want to take it because I'm planning to take the TOPIK exam this year.
Macau	I took it last semester, and it helped a lot.
Sharma	I need to get TOPIK Level 4 this semester, so I really need that class.
Macau	Then wait until the course revision period. If someone cancels the class, you can register.
Sharma	What if no one cancels?
Macau	Try emailing the professor or visiting the professor's office to ask in person.

새 어휘 및 표현 Words and Expressions

거의 almost　다하다 to complete　중급 intermediate level　도움이 되다 to be helpful　기간 period　생기다 to come up　직접 in person

연습 Practice

※ 그림을 보고 순서대로 이야기를 완성하여 말해 보세요.

Look at the pictures and complete the story in order, then tell it.

마카우 씨가 듣고 싶은 과목이 있는데 신청을 못 했습니다. 왜 그 과목이 듣고 싶은지, 어떻게 그 문제를 해결할 수 있을지 'V/A-(으)ㄴ/는데'와 'V-(으)면 되다'를 사용해서 이야기해 보세요.

Macau wanted to take a certain class but wasn't able to register for it. Using 'V/A-(으)ㄴ/는데" and 'V-(으)면 되다', talk about why he wants to take the class and how he can solve the problem.

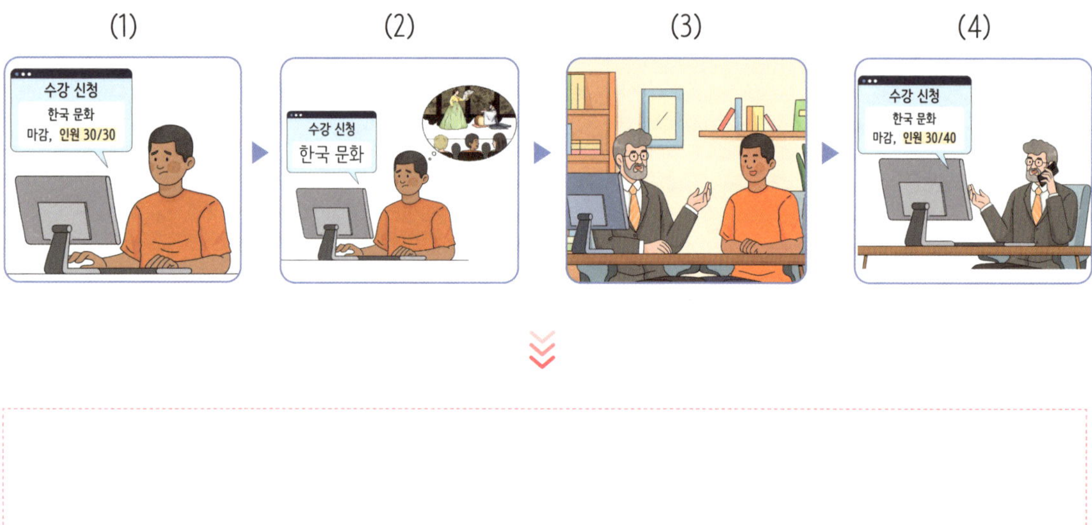

※ 위의 이야기를 포함한 대화를 친구와 만들어 보세요.

Create a dialogue with your partner that includes the story above.

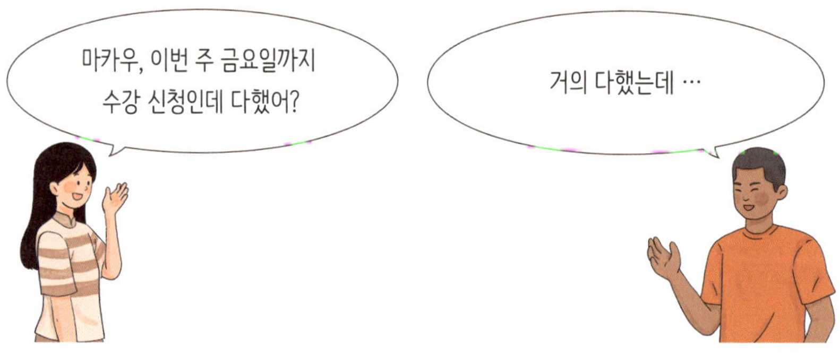

새 어휘 및 표현 Words and Expressions

바꾸다 to change

메모

3과

Chapter 3

활동 - 소식과 정보

Activity - News and Information

- 듣기 Listening
- 읽기 Reading
- 쓰기 Writing

듣기 Listening

01 이 사람들은 지금 어디에 살고 있어요? 듣고 알맞은 그림을 연결하세요.
Where do these people live now? Listen and match the correct picture. 011

1) 
샤르마 · · ①

2) 
가브리엘 · · ②

3) 
프엉 · · ③

4) 
마카우 · · ④

02 다음을 듣고 이어질 수 있는 말로 가장 알맞은 것을 고르세요.

Listen and choose the most appropriate sentence that can follow.

012

1)

① 네. 그때까지 내면 돼요.　② 아니요. 저는 벌써 냈거든요.

③ 맞아요. 금요일에 납부했어요.　④ 그래요. 온라인으로 내면 되겠네요.

2)

① 수업 내용이 재미없었어?　② 교수님께 여쭤보는 게 어때?

③ 한국 문화를 배우기 위해서 들었어.　④ 그럼 이번 학기에 신청해 봐야겠어.

3)

① 직접 가지 않아도 되네요.　② 바로 학과사무실에 가 보세요.

③ 학생증 발급이 쉽지 않거든요.　④ 학교 앱에 들어가면 찾을 수 있어요.

03 다음을 듣고 질문에 답하세요.

Listen and answer the questions.

013

1) 남자에게 무슨 문제가 있어요?

What problem does the man have?

① 과제를 잃어버렸어요.　② 파일을 업로드 못 해요.

③ LMS에 로그인을 못 해요.　④ 비밀번호가 생각이 안 나요.

2) 들은 내용으로 맞는 것을 고르세요.

Choose the correct answer based on what you heard.

① 유미는 LMS에 과제 제출을 안 해 봤어요.　② '과제'는 LMS 앱에서 오른쪽에 있어요.

③ 파일을 업로드한 후에는 '저장'을 누르면 돼요.　④ LMS 앱에 들어가면 취소한 수업을 볼 수 있어요.

새 어휘 및 표현 Words and Expressions

내용 content　설명하다 to explain　간단하다 to be simple　앱 app　몇 번 a few times　되다 to work/be successful
생각이 나다 to remember　누르다 to push　저장 'Save' button

읽기 Reading

01 다음 글의 내용과 같은 것을 고르세요.
Choose the statement that matches the content of the passage.

1)

1학기 수강 신청 안내

■ 기간 : 2.6.(월)~2.8.(수) 09:00~23:59
■ 방법 : LMS 앱 → 수강 신청
■ 대상 : 재학생

※ 1학기 외국인 및 신입생은 2.21.(수)~2.22.(목) 09:00~23:59에 신청합니다.
※ 수강 정정 및 취소는 개강 후 일주일 동안 진행합니다.

① 수강 신청은 학교에 가서 직접 합니다.
② 재학생은 3일 동안 수강 신청을 합니다.
③ 수업을 취소하고 싶으면 2월 말에 하면 됩니다.
④ 외국인과 신입생은 일주일 동안 신청할 수 있습니다.

2)

한국에는 아파트가 많습니다. 아파트는 방이 넓고 전세나 월세로 살 수 있어서 좋지만 전세금이나 관리비가 원룸보다 더 비쌉니다. 그래서 단기간 거주하거나 싼 집을 찾으면 원룸이나 고시원이 좋습니다. 그렇지만 오래 살거나 넓은 곳을 원하면 아파트가 낫습니다. 한국에서 집을 구할 때는 각 집의 장단점을 잘 비교해 봐야 합니다.

① 한국에서는 아파트가 원룸보다 월세가 더 비쌉니다.
② 고시원은 한국에서 오래 살고 싶은 사람에게 적합합니다.
③ 방이 넓고 비싸지 않은 집을 찾고 싶으면 아파트가 제일 좋습니다.
④ 한국에서 한 달 동안 잠깐 살려고 하면 아파트보다 원룸이 낫습니다.

새 어휘 및 표현 Words and Expressions

안내 notice　대상 target group　재학생 current student　및 and　신입생 freshman　진행하다 to be conducted　말 end
오래 for a long time　그렇지만 however　원하다 to want　각 each　비교하다 to compare　적합하다 to be suitable
잠깐 for a short time

02 다음을 읽고 질문에 답하세요.

Read the passage and answer the questions.

게시판 Q&A

Q. 등록금 문의

작성자: 무하마드　　작성일: 02.21. 13:15　　조회수: 52

안녕하세요?
저는 경영학과 1학년 무하마드입니다.
2학기 등록금을 내려고 하는데 등록금 고지서가 없습니다. 어디에서 발급 받으면 됩니까?
그리고 교육비 납입증명서도 발급 받으려고 하는데 어떻게 하면 됩니까?
답변을 부탁드립니다. 감사합니다.

A. 답변 드립니다.

작성자: 관리자　　작성일: 02.21. 15:21

안녕하십니까?
등록금 고지서는 대학교 앱에서 '학생 정보'에 들어가면 '등록금'에서 찾을 수 있습니다.
등록금을 내기 전에 고지서를 출력하고, 은행에 직접 가거나 카드로 납부하면 됩니다.
교육비 납입증명서는 등록금을 납부한 후에 대학 본부 1층 자동 발급기에서 출력할 수 있습니다.
감사합니다.

새 어휘 및 표현 Words and Expressions

게시판 message board　문의 inquiry　답변 reply　등록금 고지서 tuition statement　정보 information
교육비 납입증명서 tuition payment statement　출력하다 to print　자동 발급기 certificate issuing machine

1) 무하마드는 왜 게시판에 글을 썼어요?

Why did Muhammad write a post on the bulletin board?

① 장학금을 신청하기 위해서
② 교육비 납입 증명서가 없어서
③ 등록금 금액을 문의하기 위해서
④ 등록금 고지서를 발급 받기 위해서

2) 다음을 읽고 맞는 것을 고르세요.

Read the passage and choose the correct answer.

① 등록금은 카드로 낼 수 있습니다.
② 등록금은 대학교 앱에서 납부할 수 있습니다.
③ 교육비 납입증명서는 대학교 앱에서 발급 받을 수 있습니다.
④ 교육비 납입증명서는 등록금을 내기 전에 발급 받을 수 있습니다.

새 어휘 및 표현 Words and Expressions

금액 amount

쓰기 Writing

01 61쪽의 어휘와 아래 문법을 사용하여 문장을 만들어 보세요.
Create sentences that use the vocabualry on page 61 and the grammar patterns below.

문법 Grammars			
	· V-기 위해(서)	· V/A-거든(요)	· V/A-(으)ㄹ 뿐만 아니라
	· V/A-(으)ㄴ/는데(배경)	· V-(으)면 되다	· 반말

1) ....

2) ....

3) ....

4) ....

5) ....

6) ....

02 01에서 제시한 문법을 사용하여 빈칸에 알맞은 말을 쓰세요.

Use the grammar from 01 to fill in the blanks with the correct words.

학교 근처 원룸을 찾습니다.

안녕하세요? 저는 한국대학교 학생인데 원룸을 찾고 있어요.
지금 사는 원룸은 학교에서 (　　㉠　　).
집에서 학교까지 버스로 40분 정도 걸려서 다음 학기에는 학교 근처로 이사하려고 해요.
그런데 제가 돈이 많이 없어서 월세가 걱정돼요. 그리고 가구와 전자제품도 구입이 힘들어요.
그래서 월세가 (　　㉡　　) 풀옵션인 원룸을 찾고 있어요.
좋은 원룸이 있으면 연락 부탁드립니다. 제 번호는 010-1234-5678입니다.
감사합니다.

㉠

㉡

새 어휘 및 표현 Words and Expressions

연락 contact　걱정되다 to be worried

03 아래의 주제 중 하나를 골라 학교 게시판에 문의하는 글을 써 보세요. 앞에서 제시한 문법을 사용하여 글을 쓰세요.

Choose one of the topics below and write a post on the school bulletin board asking a question. Use the grammar points presented earlier when writing your post.

주제	· 수강 정정 문의 · 장학금 신청 문의 · LMS 로그인 문제 문의 · 기숙사의 불편한 문제 문의

게시판
글의 제목, 작성자의 이름, 작성일을 쓰세요. Write the title of the post, the writer's name, and the date.
Q. ____________________ 문의 작성자: 작성일:
인사말과 자기소개 -이름, 학년, 전공-를 쓰세요. Write a greeting and a self-introduction (your name, academic year, and major).
문의 내용을 쓰세요. Write your inquiry.
마지막 인사말과 감사 인사를 쓰세요. Write a closing greeting and an expression of thanks.

메모

실제 활동 Hands-on Activity

부동산에서 원하는 집 찾기 Finding a Home You Want at a Real Estate

오늘의 과제 Today's Task

여러분은 지금 학교 기숙사에 살고 있어요. 기숙사는 학교와 가깝고, 학교 안 편의 시설을 이용할 수 있어서 좋지만 학교 밖 원룸이나 주택, 아파트 등에서 살아 보고 싶어요. 그래서 부동산에 가서 여러 집을 구경하고, 이사 갈 집을 찾아보려고 해요. 학교 근처에 있는 부동산에 가서 원하는 집을 찾아보세요.

You are currently living in the school dormitory. The dorm is convenient because it's close to campus and you can use all the school facilities. However, you'd like to experience living off-campus in a studio apartment, a house, or an apartment. So you plan to visit a real estate office, look at different places, and find a new home to move into. Visit a real estate office near the school and look for a place that suits you.

STEP 01 부동산 찾기 Finding a Real Estate Office

- 학교 근처의 부동산이나 부동산 앱을 찾아보고, 부동산의 이름과 연락처를 메모해 보세요.
  Look for real estate offices near the school or search using a real estate app, then write down the names and contact information of the ones you find.

- 부동산 이름 :
- 전화번호 :
- 위치 :

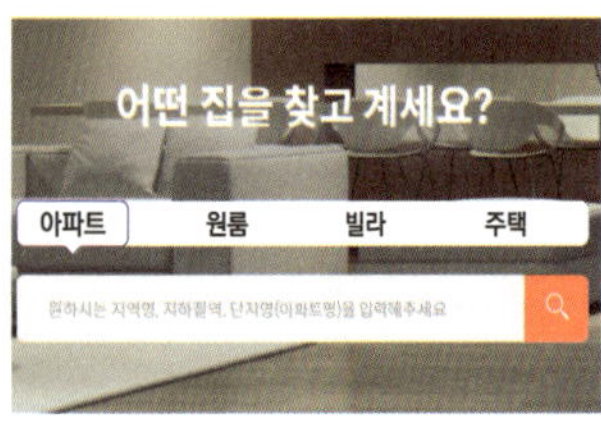

- 부동산 이름 :
- 전화번호 :
- 위치 :

STEP 02 **질문 정리하기** Preparing Your Questions

집을 구할 때 확인해야 할 내용을 정리해 보세요.
Make a list of the things you need to check when looking for a house.

원 룸	원 룸	투 룸	*원 룸*
전 세 4층 · 신축2년 풀옵션 1억2전	전 세 3층 풀옵션 6,000만	3층 풀옵션 1000/70	3층 풀옵션 넓고 베란다 2000/45
오피스텔	**원 룸**	***원 룸***	***원 룸***
신축2년 3층 풀옵션 1000/55	3층 풀옵션 주차가능 500/50	2층 풀옵션 남향 · 도로변 1000/50	2층 도로변 · 풀옵션 깔끔 500/50

- 집 : 원룸 / 투룸 / 주택 / 아파트
- 계약 : 월세(보증금: /월세: /관리비:)
  전세(전세금: /관리비:)
- 건물 : 저층(1~5층) / 고층(6~10층)
  풀옵션 / 에어컨, 냉장고, 세탁기만 / 가구 없음
- 위치 : 학교에서 버스로 ______분 / 지하철로 ______분 / 걸어서 ______분
- 편의 시설 : 편의점 / 식당 / 커피숍 / 병원 / 마트/시장 / 영화관
- 그 외 : 햇빛이 잘 들어요?
  엘리베이터가 있어요?
  주차할 수 있어요? 자전거/오토바이를 보관할 곳이 있어요?
  보증금을 100만 원 더 내면 월세를 조금 깎을 수 있어요?
  ______________________________?
  ______________________________?

STEP 03 집 구경하기 Viewing Homes

- 부동산에 가서 여러 집을 소개받거나 부동산 앱에서 관심 있는 집의 동영상을 찾아보세요. 그 집의 장점과 단점을 아래에 써 보세요.

  Visit a real estate office and look at several houses, or search for videos of homes you are interested in using a real estate app. Then write down the advantages and disadvantages of each home below.

첫 번째 집
장점
단점
두 번째 집
장점
단점
세 번째 집
장점
단점

STEP 04 선택한 집 소개하기 Presenting the Home You Chose

부동산이나 부동산 앱에서 여러분이 선택한 집을 소개하세요. 아래의 내용을 모두 포함하여 PPT로 발표하세요.
Introduce the home you chose from the real estate office or real estate app. Include all of the items below and present it using a PowerPoint.

PPT에 포함할 내용
- PPT의 내용은 문장 형태 말고, 키워드(Keyword) 형태로 쓰세요.

1. 내가 원하는 집의 조건

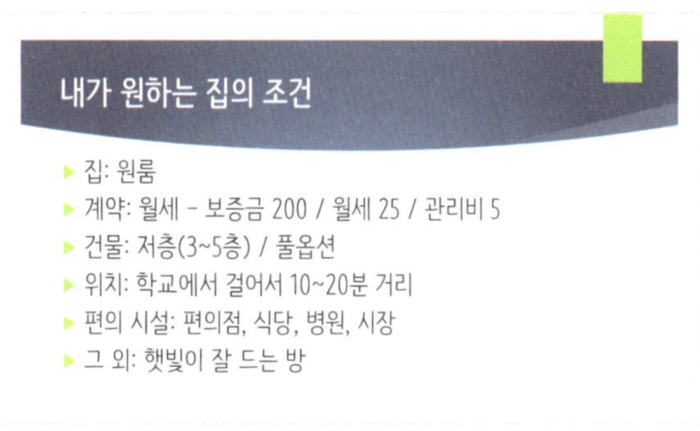

2. 내가 찾은/방문한 집의 장단점

3. 내가 선택한 집과 그 이유

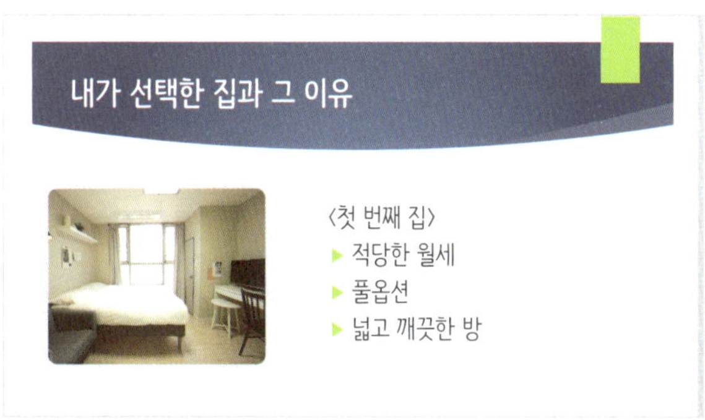

다음 대화를 제시된 문법의 색깔에 맞춰 한국어로 바꿔 쓰세요.

Rewrite the following dialogue in Korean, using the grammar points shown in the indicated colors.

V-기 위해(서)	V/A-거든(요)	V/A-(으)ㄹ 뿐만 아니라
V/A-(으)ㄴ/는데(배경)	V-(으)면 되다	반말

Jessica, how's the studio apartment you moved into last week?

제시카, 지난주에 이사한 원룸은 어때?

It's good. It's close to the school, so I can walk there.

Is the room fully furnished?

Yeah. Not only is it convenient because it has a refrigerator, washing machine, and induction stove, but the rent is also cheap.

I want to live in a studio apartment too, but I'm worried because I need a deposit to live in studio.

That's true. Studio apartments have many advantages, but the deposit is expensive.

That's why I've been working part-time since last semester.

Where do you work? I want a part-time job too, but it's hard to find one.

You can find one on the '유학생 일자리' app. I found mine there.

Oh, I see. Thanks.

어휘 확인 Vocabulary check

1과

- 기숙사 dormitory
- 장점 advantages
- 단점 disadvantages
- 학교와 가깝다 to be close to the school
- 학교 안 편의 시설을 이용하다 to use on-campus facilities
- 규칙이 많다 to have many rules
- 요리할 수 없다 to be unable to cook
- 원룸 studio apartment
- 생활이 자유롭다 have an independent lifestyle
- 풀옵션이다 to be fully furnished
- 보증금이 필요하다 to need a deposit
- 월세와 관리비를 내다 to pay monthly rent and maintenance fees
- 고시원 a small, low-cost room often used by students
- 월세가 싸다 to have cheap rent
- 단기간 거주하다 to live short-term
- 방이 좁다 the room is small
- 공용 시설을 이용하다 to use shared facilities

2과

- 수업 to register for classes
- 수강 신청을 하다 to register for courses
- 수강 정정을 하다 to revise course registration
- 수업을 취소하다 to cancel a class
- 예비 수강 신청을 하다 to pre-register for classes
- 재수강하다 to retake a class
- 학습관리시스템 Learning Management System (LMS)
- 로그인/로그아웃하다 to log in/log out
- 학번과 비밀번호를 입력하다 to enter your student ID and password
- 출석/지각/결석을 확인하다 to check attendance/late records/absences
- 과제를 제출하다 to submit an assignment
- 파일을 업로드하다 to upload a file
- 학생 생활 student life
- 등록금을 내다/납부하다 to pay tuition
- 장학금을 받다 to receive a scholarship

어휘 확인 Vocabulary check

1과

- [ ] 주택 house
- [ ] 아파트 apartment
- [ ] 집이 넓다 the house is spacious
- [ ] 여러 명이 함께 살다 to live with several people
- [ ] 월세/전세가 비싸다 the rent/jeonse is expensive
- [ ] 가구와 전자제품을 구입하다 to buy furniture and appliances

2과

- [ ] 증명서를 발급 받다 to receive a certificate
- [ ] 의료보험에 가입하다 to enroll in health insurance
- [ ] 모바일 학생증을 발급 받다 to receive a mobile student ID

메모

관계와 태도

Relationships and Attitudes

4과 제 친구는 성격이 활발한 편이에요.
My friend is quite outgoing.

5과 고민이 있을 때 친구에게 속마음을 털어놓곤 해요.
When I have worries, I usually open up to my friend.

6과 활동 - 관계와 태도
Activity - Relationships and Attitudes

4과

Chapter 4

제 친구는 성격이 활발한 편이에요.

My friend is quite outgoing.

- **어휘** 성격
  Personality
- **문법 1** A-아/어/해 보이다
- **문법 2** V/A-(으)ㄴ/는 편이다
- **문법 3** V/A-잖아(요)
- **말하기** 성격이 바뀐 이유 말하기
  Talking About the Reasons a Personality Has Changed

어휘 Vocabulary

※ 여러분의 성격은 어때요? 그림을 보고 이야기해 보세요.

What is your personality like? Look at the pictures and talk about it.

① 성격

⑧ 활발하다
⑫ 느긋하다
괜찮아. 시간 많아!
⑨ 내성적이다
나도…?
⑪ 솔직하다
난 이것만 할게.
에휴
아니, 2번이 괜찮아!
1번이 괜찮지?
빨리 빨리
⑩ 이기적이다
CHART 1
CHART 2
⑬ 급하다

문법 1 Grammar 1 A-아/어/해 보이다

A-아/어/해 보이다

'A-아/어/해 보이다'는 사람이나 사물의 상태를 보고 추측하거나 판단할 때 사용해요. 형용사 어간이 'ㅏ, ㅗ'로 끝나면 'A-아 보이다'를, '-하다'로 끝나면 'A-해 보이다'를, 'ㅓ, ㅜ, ㅡ, ㅣ…' 등 그 외 모음으로 끝나면 'A-어 보이다'를 사용해요.

'A-아/어/해 보이다' is used to express a guess or judgment about a person's or object's condition based on what you see. If the adjective stem ends in the vowels 'ㅏ' or 'ㅗ', use 'A-아 보이다'. If it ends in '-하다', use 'A-해 보이다'. For other vowels such as 'ㅓ, ㅜ, ㅡ, ㅣ', use 'A-어 보이다'.

014

가 프엉 씨가 하루 종일 인상을 쓰네요.

나 기분이 안 **좋아 보여요.**

가 Phuong has been frowning all day.

나 She doesn't seem to be in a good mood.

연습 Practice 1

● 보기 와 같이 'A-아/어/해 보이다'를 사용해서 밑줄에 알맞은 말을 쓰세요.

Fill in the blanks using 'A-아/어/해 보이다' just like in the 보기 .

보기 가 가브리엘 씨, 엄청 느긋해 보이네요. 과제 다 했어요?

나 네. 어제 제출했어요.

1) 가방이 너무 ______________________ 내가 도와줄까?

2) 이 신발은 ______________________. 좀 더 큰 걸 신어 보세요.

3) 하준 씨는 따뜻한 사람이지만 처음 만났을 때는 잘 안 웃어서 ______________________.

새 어휘 및 표현 Words and Expressions

하루 종일 all day long 인상을 쓰다 to frown 엄청 very 생각하다 to think 도와주다 to help 처음 first time

4) 가 우리 코미디 영화를 볼까?

나 응. 이 영화가 ______________________________. 우리 이거 봐.

5) 가 와! 이 케이크 진짜 ______________________________. 이걸로 살까요?

나 네, 좋아요.

연습 Practice 2

보기 와 같이 그림을 보고 유미 씨가 어때 보이는지 'A-아/어/해 보이다'를 사용해서 친구와 이야기해 보세요.

Look at the picture and talk with your partner about how Yumi seems, using 'A-아/어/해 보이다' just like in the 보기 .

보기

유미 씨는 친절해 보여요.

손님에게 이야기할 때 항상 웃거든요.

1)

2)

3)

4)

문법 2 Grammar 2 V/A-(으)ㄴ/는 편이다

V/A-(으)ㄴ/는 편이다

· 'V/A-(으)ㄴ/는 편이다'는 어떤 일이나 상태가 어느 쪽에 가깝다고 말할 때 사용해요. 동사는 어간 끝음절의 받침 유무와 관계없이 'V-는 편이다'를 쓰고, 보통 '잘, 자주, 많이' 등과 같은 부사를 함께 써요. 형용사의 경우 받침이 있을 때는 'A-은 편이다', 받침이 없거나 받침 'ㄹ'이 있으면 'A-ㄴ 편이다', '있다, 없다'로 끝나는 형용사는 'A-는 편이다'를 사용해요.

'V/A-(으)ㄴ/는 편이다' is used to say that an action or state tends to lean toward a certain side or characteristic. For verbs, use 'V-는 편이다' regardless of whether the verb stem ends with a final consonant, and it is often used together with adverbs such as '잘', '자주', or '많이'. For adjectives, use 'A-은 편이다' when the stem ends with a final consonant, and use 'A-ㄴ 편이다' when it does not or when it ends with the consonant 'ㄹ'. For adjectives ending in '있다' or '없다', use 'A-는 편이다'.

· 명사와 결합할 때는 받침 유무와 관계없이 'N인 편이다'를 사용해요.

When combined with nouns, 'N인 편이다' is used regardless of whether the noun ends with a final consonant.

015

가 무하마드 씨는 성격이 **내성적인 편이에요**?

나 아니요. **활발한 편이에요**.

가 Is Muhammad somewhat introverted?

나 No, he's rather outgoing.

연습 Practice 1

보기 와 같이 'V/A-(으)ㄴ/는 편이다, N인 편이다'를 사용해서 밑줄에 알맞은 말을 쓰세요.
Fill in the blanks using 'V/A-(으)ㄴ/는 편이다' and 'N인 편이다' just like in the **보기** .

보기 가 우리 나라는 과일이 진짜 싼데 한국은 어때요?
나 한국은 과일이 좀 비싼 편이에요.

1) 가 저는 책을 많이 ________________ 무하마드 씨는 어때요?
나 저는 잘 안 ________________.

2) 가 학교에서 집까지 가까워요?
나 아니요, 좀 ________________. 걸어서 30분쯤 걸려요.

3) 가 하루에 커피를 얼마나 마셔요?
나 보통 4~5잔 정도 마시니까 많이 ________________.

4) 가 그 사람은 늘 자기 자신을 먼저 생각해요.
나 맞아요. 그 사람은 ________________. 그래서 사람들이 안 좋아해요.

5) 가 카나 씨는 키가 커요?
나 아니요, 저는 키가 ________________. 그래서 강의실에서 보통 앞자리에 앉아요.

6) 가 다말 씨의 성격은 어때요?
나 다말 씨는 ________________. 왜냐하면 거짓말을 하지 않고 늘 사실을 말하거든요.

새 어휘 및 표현 Words and Expressions

과일 fruit 하루 a day 자기 자신 one's own self 앞자리 front seat 왜냐하면 because 거짓말 lie 늘 always 사실 truth

연습 Practice 2

보기 와 같이 'V/A-(으)ㄴ/는 편이다, N인 편이다'를 사용해서 아래 질문에 대해 친구와 이야기해 보세요.
Talk with your partner and answer the questions below using 'V/A-(으)ㄴ/는 편이다' and 'N인 편이다' just like in the 보기 .

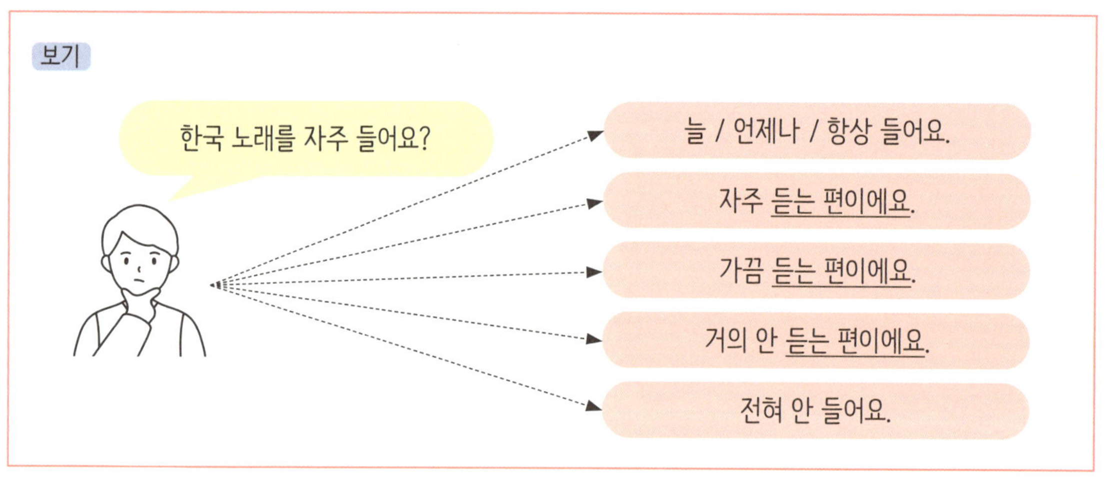

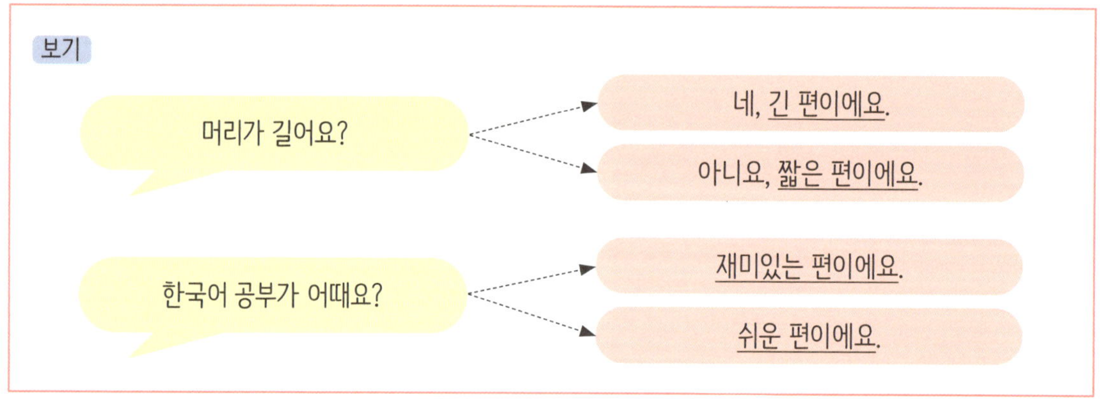

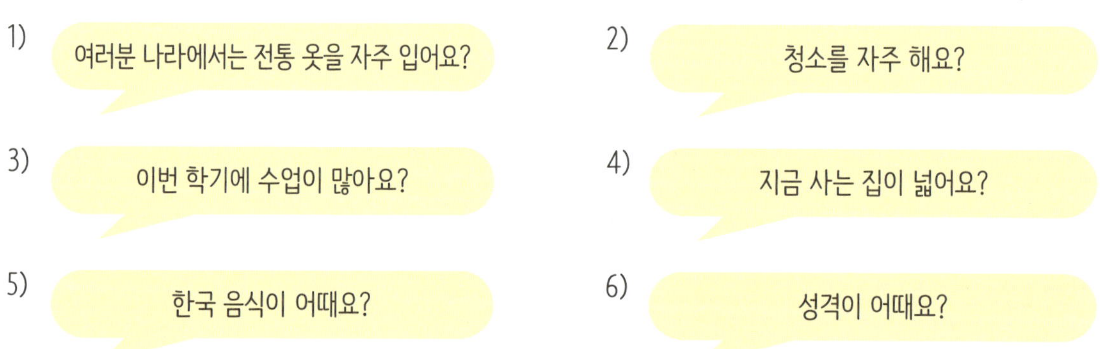

새 어휘 및 표현 Words and Expressions

언제나 always 가끔 sometimes 거의 안 rarely 전혀 안 never

문법 3 Grammar 3 V/A-잖아(요)

V/A-잖아(요)

- 'V/A-잖아(요)'는 상대방이 이미 알고 있는 사실을 상기시키거나 그 사실을 강조할 때 사용해요. 주로 상대방이 이미 알고 있는 사실을 근거로 동의를 구하거나 상대방의 말을 바로 잡는 데 쓰이며, 약간의 반박이나 확인의 뉘앙스를 포함해요. 동사, 형용사 어간 끝음절의 받침 유무와 관계없이 'V/A-잖아(요)'를 사용해요.

  'V/A-잖아(요)' is used to remind the listener of something they already know or to emphasize a fact that is already known. It is mainly used to seek agreement based on shared information or to correct the listener by referring to something they are aware of, often carrying a nuance of mild disagreement or confirmation. 'V/A-잖아(요)' is used regardless of whether the verb or adjective stem ends with a final consonant.

- 명사에 받침이 있으면 'N이잖아(요)', 없으면 'N잖아(요)'를 사용해요.

  When combined with nouns, use 'N이잖아(요)' if the noun ends with a final consonant, and use 'N잖아(요)' if it does not.

016

가 과제 발표는 잭 씨가 하는 게 어때요?
저는 덜렁대서 실수를 많이 하지만 잭 씨는 **꼼꼼하잖아요.**

나 그래요. 저도 같은 생각이에요.

가 How about Jack doing the presentation?
I tend to be careless and make a lot of mistakes, but Jack is really thorough, you know.

나 That's true. I think so too.

새 어휘 및 표현 Words and Expressions

실수 mistake　같다 to be same　생각 idea, thought

연습 Practice 1

● 보기 와 같이 'V/A-잖아(요), N(이)잖아(요)'를 사용해서 밑줄에 알맞은 말을 쓰세요.
Fill in the blanks using 'V/A-잖아(요)' and 'N(이)잖아(요)' just like in the 보기 .

보기 가 샤르마 씨 생일 선물을 사야 하는데 고민이에요.
나 그럼 가브리엘 씨한테 물어보세요. 샤르마 씨를 제일 잘 알잖아요.

1) 가 프엉은 언제 와?

나 다쳐서 병원에 ________________.

가 아! 어제 들었는데 깜빡했어.

2) 가 무하마드 씨, 방학 때 고향에 왜 안 가요?

나 아르바이트를 ________________.

3) 가 또 호떡을 먹어요? 거의 매일 호떡을 먹네요.

나 네, 호떡이 ________________.

4) 가 아침에 미역국 먹었어? 오늘 ________________.

나 네, 먹었어요! 기억해 줘서 고마워요.

5) 가 마카우 씨, 오늘도 도서관에 갈 거예요?

나 네, 잭 씨는 안 가요? 다음 주에 과제 발표가 ________________.

6) 가 카나 씨는 무뚝뚝한 편이지만 누구보다 마음이 따뜻한 사람이에요.

나 맞아요. 하지만 많은 친구들이 그 사실을 ________________. 그래서 안타까워요.

새 어휘 및 표현 Words and Expressions

한테 to someone 물어보다 to ask 깜빡하다 to forget 미역국 seaweed soup 기억하다 to remember
안타깝다 to be unfortunate

연습 Practice 2

● 보기 와 같이 'V/A-잖아(요), N(이)잖아(요)'를 사용해서 친구와 이야기해 보세요.
Talk with your partner using 'V/A-잖아(요)' and 'N(이)잖아(요)' just like in the 보기 .

보기

가 제주도에 가는 게 어때요?
유명하잖아요. / 아름답잖아요.

나 네, 좋아요.

1) 

2) 

3) 

4) 

새 어휘 및 표현 Words and Expressions

지갑 wallet

말하기 Speaking

※ 그림을 보고 순서대로 이야기를 완성하여 말해 보세요.

Look at the pictures and complete the story in order, then tell it.

샤르마 씨의 성격이 어떻게 바뀌었는지 이야기해 보세요.

Talk about how Sharma's personality has changed.

017

샤르마 씨는 어릴 때 **내성적인 편이었어요**. 수업 시간에도 조용했어요. 그런데 대학생이 된 후에 발표를 많이 했어요. 발표를 자주 하면 자신감도 **생기잖아요**. 교수님께 칭찬도 많이 받았어요. 그래서 지금은 활발한 성격으로 변했어요.

When Sharma was young, she was rather introverted. She was quiet even during class. But after becoming a university student, she gave many presentations. When you present often, you become more confident, you know. Her professors also praised her a lot. So now, her personality has changed and she has become outgoing

새 어휘 및 표현 Words and Expressions

자신감 confidence　칭찬 compliment　변하다 to change

대화 Dialogue

018

하준	샤르마 씨는 성격이 **활발한 편이잖아요**. 어렸을 때도 그랬어요?
샤르마	아니요, 어릴 때는 조용하고 **내성적인 편이었어요**.
하준	그래요? 지금 샤르마 씨는 엄청 **활발해 보여서** 조용한 샤르마 씨는 상상이 잘 안 돼요.
샤르마	하하. 맞아요. 대학생이 된 후에 성격이 많이 변했어요.
하준	무슨 일이 있었어요?
샤르마	제 전공은 발표 과제가 많거든요. 그런데 선배들이 발표를 매번 저한테 시키는 거예요.
하준	매번이요? 힘들었겠어요.
샤르마	네. 그런데 발표를 자주 하니까 **잘하게 됐어요**. 그래서 교수님께 칭찬도 많이 들어서 자신감도 더 생겼어요.
하준	그 경험이 샤르마 씨한테 좋은 영향을 줬겠네요.

하나 더 Extra tips

'V-게 되다'는 어떤 상황이 주어의 의도나 계획 없이 다른 상황이 됨을 나타낼 때 사용해요.

'V-게 되다' is used to express that a situation has changed or come about without the subject's intention or plan

Hajun	Sharma, you're pretty outgoing, you know. Were you like that when you were young?
Sharma	No, when I was young, I was quiet and rather introverted.
Hajun	Really? You look so outgoing now that it's hard to imagine you being quiet.
Sharma	Haha, that's true. My personality changed a lot after I became a university student.
Hajun	What happened?
Sharma	In my major, we have a lot of presentation assignments. But the seniors kept asking me to present every time.
Hajun	Every time? That must have been tough.
Sharma	Yes, but because I presented so often, I got better at it. And since my professors praised me a lot, I became more confident too.
Hajun	It sounds like that experience had a really positive impact on you.

새 어휘 및 표현 Words and Expressions

상상 imagination　선배 senior　매번 every time　시키다 to make someone do something　영향 effect

※ 그림을 보고 순서대로 이야기를 완성하여 말해 보세요.

Look at the pictures and complete the story in order, then tell it.

가브리엘 씨의 성격이 어떻게 바뀌었는지 'V/A-(으)ㄴ/는 편이다, V/A-잖아요'를 사용해서 이야기해 보세요.

Talk about how Gabriel's personality has changed, using 'V/A-(으)ㄴ/는 편이다' and 'V/A-잖아요'.

※ 위의 이야기를 포함한 대화를 친구와 만들어 보세요.

Create a dialogue with your partner that includes the story above.

5과
Chapter 5

고민이 있을 때 친구에게 속마음을 털어놓곤 해요.

When I have worries, I usually open up to my friend.

어휘 갈등과 해결
Conflict and Resolution

문법 1 V-곤 하다

문법 2 V/A-아/어/해도

문법 3 V-자마자

말하기 기분이 안 좋은 이유 말하기
Talking About the Reasons You Feel Upset

어휘 Vocabulary

※ 여러분의 친구와의 관계에서 갈등이 생기면 어떻게 해결하나요? 그림을 보고 이야기해 보세요.
When you have a conflict with a friend, how do you resolve it? Look at the pictures and talk about it.

① 갈등

② 오해를 하다

③ 말/대화가 안 통하다

④ 화를 내다

⑤ 싸우다/말다툼을 하다

⑥ 말을 끊다

⑦ 기분이 나쁘다

⑧ 해결

⑨ 대화를 나누다

⑩ 속마음을 털어놓다

⑪ 화해를 하다

⑫ 입장을 바꿔 생각하다

⑬ 사과를 하다

⑭ 위로를 하다

문법 1 Grammar 1 V-곤 하다

V-곤 하다

- 'V-곤 하다'는 반복적인 행동이나 습관을 표현할 때 사용해요. 동사 어간 끝음절의 받침 유무와 관계없이 'V-곤 하다'를 사용해요.

  'V-곤 하다' is used to express repeated actions or habits. It is used regardless of whether the verb stem ends with a final consonant.

- 과거의 반복적인 행동이나 습관을 나타낼 때는 'V-곤 했다'를 사용해요.

  To express repeated actions or habits in the past, use 'V-곤 했다'.

019

가 고민이 있을 때 어떻게 해결해요?
나 보통 친구에게 **속마음을 털어놓곤 해요**.

가 How do you deal with your worries?
나 I usually open up to a friend about how I really feel.

019

가 샤르마 씨, 시간이 있을 때 보통 뭐 했어요?
나 커피숍에서 책을 **읽곤 했어요**.
그런데 요즘은 바빠서 책 읽을 시간이 없어요.

가 Sharma, what did you usually do when you had free time?
나 I used to read books at a café, but these days I'm too busy to find time to read.

연습 Practice 1

보기 와 같이 'V-곤 하다, V-곤 했다'를 사용해서 밑줄에 알맞은 말을 쓰세요.
Fill in the blanks using 'V-곤 하다' or 'V-곤 했다' just like in the **보기** .

보기 스트레스를 받으면 큰 소리로 노래를 부르곤 해요 / 부르곤 했어요.

1) 출출할 때 과자를 ________________________.

2) 예전에는 친구와 싸우면 제가 먼저 ________________________.

3) 기분이 안 좋은 일이 있으면 혼자 슬픈 영화를 ________________________.

4) 저는 그림에 관심이 많아요. 그래서 요즘 시간이 있으면 미술관에 ________________________.

5) 날씨가 좋으면 친구와 공원에서 사진을 ______________________. 그런데 지금은 혼자 쇼핑을 해요.

6) 저는 친구와 생각이 다를 때 ________________________. 그러면 그 친구를 이해할 수 있거든요.

새 어휘 및 표현 Words and Expressions

출출하다 to feel a bit hungry　예전에 back in the day

연습 Practice 2

● 보기 와 같이 'V-곤 하다, V-곤 했다'를 사용해서 아래 질문에 대해 친구와 이야기해 보세요.
Talk with your partner and answer the questions below using 'V-곤 하다' and 'V-곤 했다' just like in the 보기 .

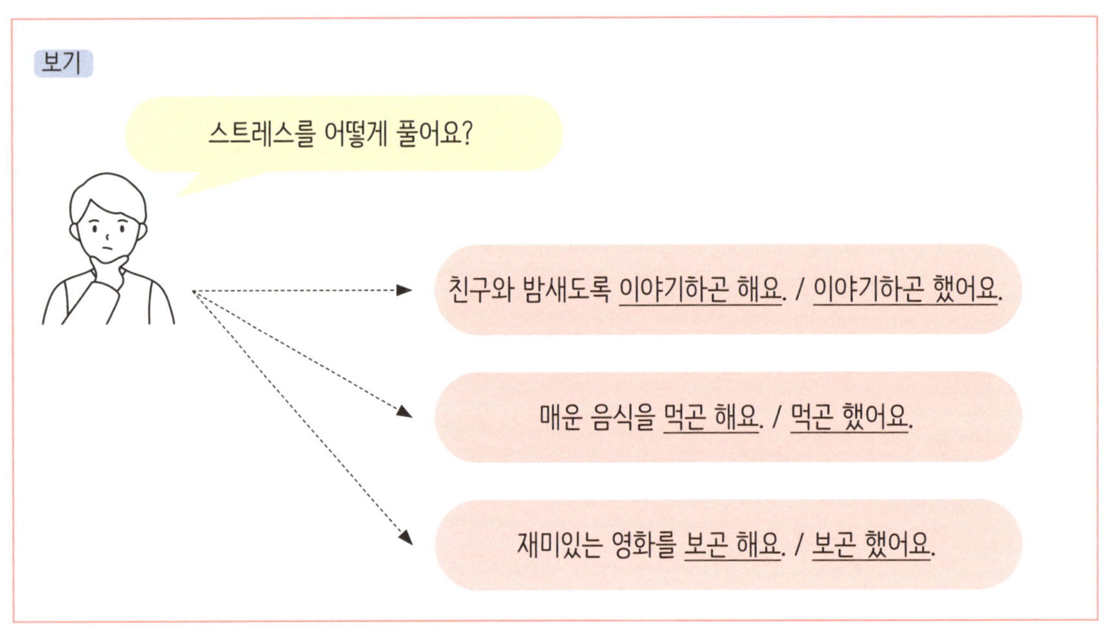

1) 가족이 보고 싶으면 어떻게 해요?

2) 고향에 있을 때 주말에 보통 뭐 했어요?

3) 시험 기간에 어디에서 공부해요?

4) 친한 친구와 갈등이 생겼을 때 어떻게 해결했어요?

새 어휘 및 표현 Words and Expressions

스트레스를 풀다 to relieve stress 미술관 art museum 밤새도록 all night long 친하다 to be close with someone

문법 2 Grammar 2 V/A-아/어/해도

V/A-아/어/해도

· 'V/A-아/어/해도'는 어떤 조건이나 상황이 결과에 영향을 미치지 않을 때 사용해요. 말하는 내용을 강조하여 나타낼 때는 'V/A-아/어/해도' 앞에 '아무리'를 쓰기도 해요. 동사, 형용사 어간이 'ㅏ, ㅗ'로 끝나면 'V/A-아도'를, '-하다'로 끝나면 'V/A-해도'를, 'ㅓ, ㅜ, ㅡ, ㅣ…' 등 그 외 모음으로 끝나면 'V/A-어도'를 사용해요.

'V/A-아/어/해도' is used when a condition or situation does not affect the result. To emphasize the meaning, '아무리' can be placed before 'V/A-아/어/해도'. If the verb or adjective stem ends in the vowels 'ㅏ' or 'ㅗ', use 'V/A-아도'. If it ends in '-하다', use 'V/A-해도'. For other vowels such as 'ㅓ, ㅜ, ㅡ, ㅣ', use 'V/A-어도'.

· 명사에 받침이 있으면 'N이라도', 없으면 'N라도'를 사용해요.

When combined with nouns, use 'N이라도' if the noun ends with a final consonant, and use 'N라도' if it does not.

020

가 가브리엘 씨가 왜 울고 있어요?
나 여자친구와 헤어졌거든요. 아무리 **위로해도** 계속 우네요.

가 Why is Gabriel crying?
나 He broke up with his girlfriend. No matter how much we try to comfort him, he keeps crying.

새 어휘 및 표현 Words and Expressions

헤어지다 to break up

연습 Practice 1

● 보기 와 같이 'V/A-아/어/해도, N(이)라도'를 사용해서 밑줄에 알맞은 말을 쓰세요.
Fill in the blanks using 'V/A-아/어/해도' and 'N(이)라도' just like in the 보기 .

보기 아무리 바빠도 가족과 같이 시간을 보내야 해요.

1) 잠을 아무리 많이 ____________________ 계속 피곤하네요.

2) 아무리 돈이 많은 ____________________ 시간은 살 수 없어요.

3) 그 친구는 말이 진짜 많아요. 제가 아무리 ____________________ 쉬지 않고 계속 말해요.

4) 노트북이 ____________________ 살 거예요. 고장 나서 고칠 수 없거든요.

5) 그 사람과 깊은 대화를 ____________________ 그 사람의 마음은 알 수 없어요.

6) 그 영화가 아무리 ____________________ 저는 안 볼 거예요. 결말을 알고 있거든요.

새 어휘 및 표현 Words and Expressions

시간을 보내다 to spend time 고장 나다 to break down 고치다 to fix 결말 ending

연습 Practice 2

● 보기 와 같이 'V/A-아/어/해도, N(이)라도'를 사용해서 아래 주제에 대해 친구와 이야기해 보세요.
Talk with your partner about the topics below using 'V/A-아/어/해도' and 'N(이)라도' just like in the 보기 .

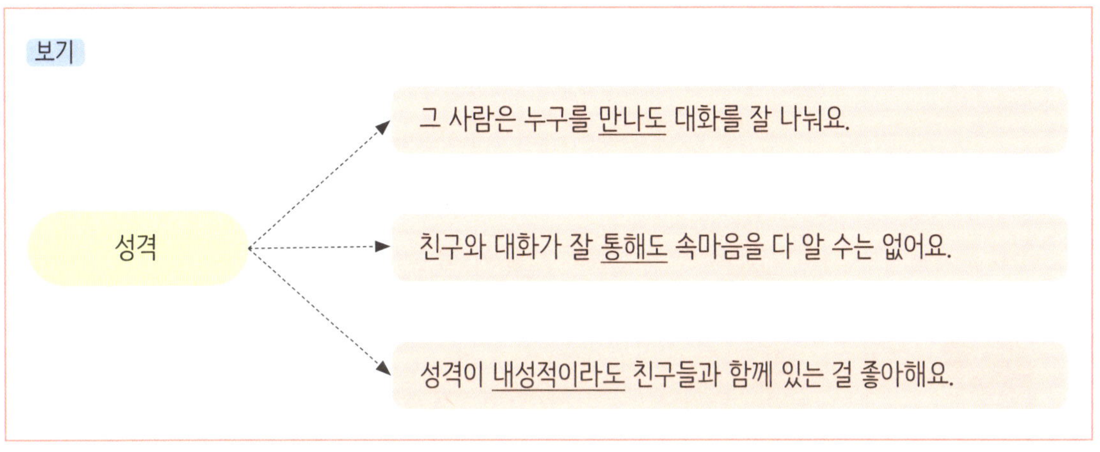

새 어휘 및 표현 Words and Expressions

습관 habit

문법 3 Grammar 3 V-자마자

V-자마자

· 'V-자마자'는 어떤 행동이 끝난 후 곧바로 다음 행동이 일어날 때 사용해요. 동사 어간 끝음절의 받침 유무와 관계없이 'V-자마자'를 사용해요.

'V-자마자' is used when one action happens immediately after another. It is used regardless of whether the verb stem ends with a final consonant.

021

가 다말 씨, 하준 씨와 화해했어요?
나 네, 제가 문자를 **보내자마자** 하준 씨가 답장을 줬어요.

가 Damal, did you make up with Hajun?
나 Yes, as soon as I sent him a text message, he replied.

연습 Practice 1

● 보기 와 같이 'V-자마자'를 사용해서 밑줄에 알맞은 말을 쓰세요.
Fill in the blanks using 'V-자마자' just like in the 보기 .

보기 너무 피곤해서 침대에 눕자마자 바로 잤어요.

1) 저는 밥을 ____________________ 양치질해요.

2) 집에 ____________________ 손부터 씻으세요.

3) 창문을 ____________________ 시원한 바람이 들어왔어요.

새 어휘 및 표현 Words and Expressions

양치질하다 to brush teeth   손 hand   창문 window

4) 마카우 씨를 ________________ 첫눈에 반했어요.

5) 천둥, 번개가 ________________ 소나기가 내려요.

6) 오해하지 마세요. 전화를 ________________ 수업이 시작돼서 끊은 거예요.

연습 Practice 2

보기 와 같이 'V-자마자'를 사용해서 아래 질문에 대해 친구와 이야기해 보세요.

Talk with your partner and answer the questions below using 'V-자마자' just like in the 보기 .

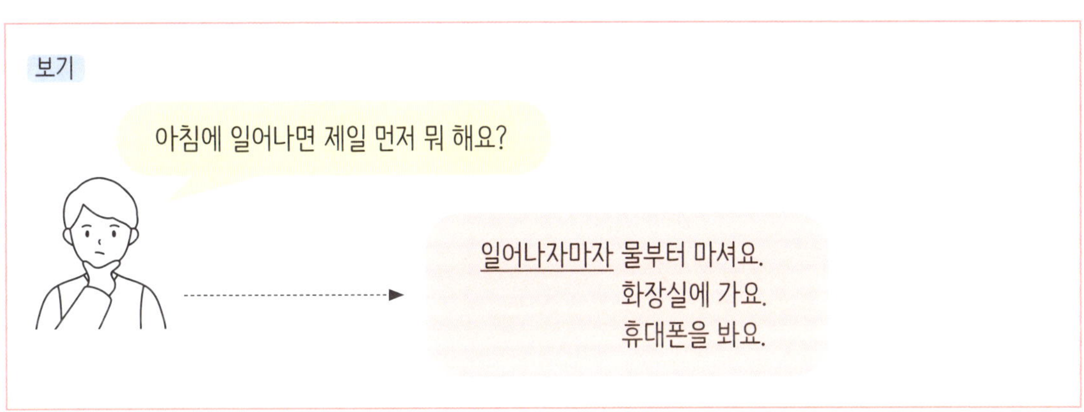

1) 집에 가면 보통 뭐부터 해요?

2) 지난 학기에 기말시험이 끝난 후에 뭐 했어요?

3) 고향에 돌아가면 제일 먼저 뭐 하고 싶어요?

4) 대학교를 졸업하면 뭐부터 할 거예요?

새 어휘 및 표현 Words and Expressions

첫눈에 반하다 to fall in love at first sight　끊다 to hang up　끝나다 to finish

말하기 Speaking

※ 그림을 보고 순서대로 이야기를 완성하여 말해 보세요.

Look at the pictures and complete the story in order, then tell it.

마카우 씨는 하준 씨 때문에 기분이 안 좋았습니다. 무슨 일이 있었는지 이야기해 보세요.

Macau was upset because of Hajun. Talk about what happened.

022

하준 씨는 마카우 씨의 옷을 몰래 **입곤 했어요**. 오늘도 하준 씨가 마카우 씨의 옷을 입었는데 마카우 씨가 알게 되었어요. 하준 씨가 마카우 씨의 옷을 입고 나가는 모습을 **보자마자** 마카우 씨가 전화를 했는데 하준 씨는 받지 않았어요. 저녁에 하준 씨는 마카우 씨에게 사과를 했고 두 사람은 화해했어요.

Hajun used to secretly wear Macau's clothes. Today, Hajun wore Macau's clothes again, and Macau found out. As soon as Macau saw Hajun leaving while wearing his clothes, he called him, but Hajun didn't answer. In the evening, Hajun apologized to Macau, and the two made up.

새 어휘 및 표현 Words and Expressions

몰래 secretly

대화 Dialogue

023

제시카	마카우 씨, 기분이 안 좋아 보이는데 무슨 일 있었어요?
마카우	아침에 룸메이트가 몰래 제 옷을 입고 나가는 걸 봤거든요.
제시카	하준 씨가요?
마카우	네. 그래서 그 모습을 **보자마자** 하준 씨에게 전화했는데 전화를 안 받는 거예요. 카톡도 보냈는데 안 읽어요.
제시카	진짜요? 하준 씨가 잘못했네요. 아무리 친한 **사이라도** 먼저 물어봐야 하잖아요. 그리고 연락도 안 받는 것은 좀 심하네요.
마카우	그러니까요. 이따 집에 가서 다시 이야기해 봐야겠어요.

〈저녁, 집에서〉

하준	마카우 씨, 사실은 그동안 마카우 씨 옷을 몇 번 몰래 **입곤 했어요**. 마카우 씨가 멋있는 옷이 많아서 그랬어요. 정말 미안해요.
마카우	하준 씨, 입장을 바꿔 생각해 보세요. 제가 하준 씨 옷을 몰래 입으면 하준 씨도 기분이 나쁘겠**지요**? 이제부터 제 옷을 입고 싶으면 저한테 먼저 물어보세요. 그럼 빌려줄게요.
하준	알겠어요. 제 사과를 받아줘서 고마워요. 앞으로 조심할게요.

하나 더 Extra tips

'V/A-지요'는 상대방이 이미 알고 있는 사실을 확인하거나 동의를 구할 때 사용해요. 'V/A-죠'로 줄여서도 사용해요.

'V/A-지요' is used to confirm something the listener already knows or to ask for agreement. It can also be shortened to 'V/A-죠'.

Jessica	Macau, you don't look very happy. Did something happen?
Macau	This morning, I saw my roommate secretly wearing my clothes and going out.
Jessica	Was it Hajun?
Macau	Yes. So as soon as I saw him wearing my clothes, I called him, but he didn't answer. I even sent him a KakaoTalk message, but he didn't read it.
Jessica	Really? That was wrong of him. No matter how close you are, he should have asked you first. And ignoring your calls is pretty rude too.
Macau	Exactly. I think I need to talk to him again when I get home later.

〈In the evening, at home〉

Hajun	Macau, to be honest, I've secretly worn your clothes a few times. You have a lot of stylish clothes, so… I'm really sorry.
Macau	Hajun, think about it from my perspective. If I secretly wore your clothes, you would feel bad too, right? From now on, if you want to wear my clothes, ask me first. Then I'll lend them to you.
Hajun	Okay. Thank you for accepting my apology. I'll be more careful from now on.

새 어휘 및 표현 Words and Expressions

잘못하다 to do something wrong　사이 relationship　심하다 to be mean　그러니까요. That's what I'm saying.　그동안 until now
이제 from now on

연습 Practice

※ 그림을 보고 순서대로 이야기를 완성하여 말해 보세요.

Look at the pictures and complete the story in order, then tell it.

다말 씨는 카나 씨 때문에 기분이 안 좋았습니다. 무슨 일이 있었는지 'V-곤 하다, V-자마자'를 사용해서 이야기해 보세요.

Damal was upset because of Kana. Using 'V-곤 하다' and 'V-자마자', talk about what happened.

※ 그림을 보고 순서대로 이야기를 완성하여 말해 보세요.

Create a dialogue with your partner that includes the story above.

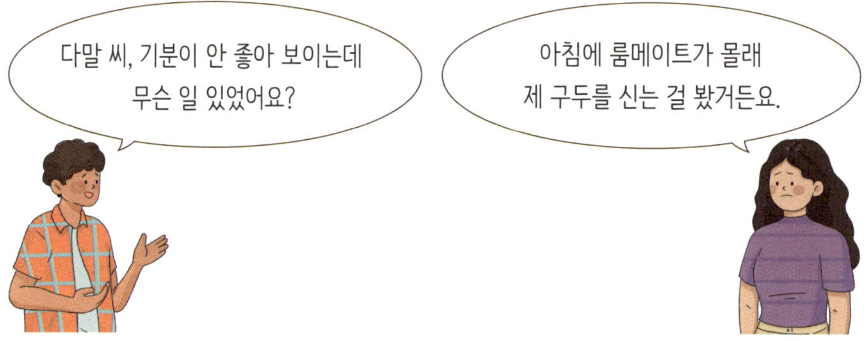

메모

6과

Chapter 6

활동 - 관계와 태도

Activity - Relationships and Attitudes

듣기 Listening

읽기 Reading

쓰기 Writing

듣기 Listening

01 다음을 듣고 보기 에서 알맞은 것을 고르세요.

Listen and choose the correct answer from the options. 024

1)

①  ③

2)

①  ③

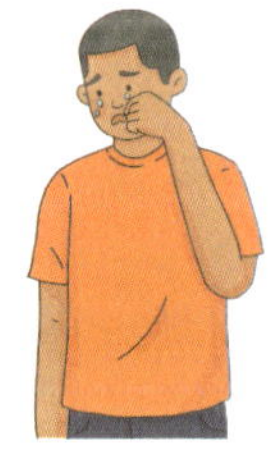

02 다음을 듣고 이어질 수 있는 말로 가장 알맞은 것을 고르세요.

Listen and choose the most appropriate sentence that can follow. 025

1)

① 제가 잘 몰랐네요.
② 따뜻한 사람이 아니었네요.
③ 저도 좀 무뚝뚝한 편이잖아요.
④ 차가운 편이지만 솔직한 사람이에요.

새 어휘 및 표현 Words and Expressions

말하다 to talk

2)

① 화해해서 정말 다행이야.

② 네가 먼저 연락해 보는 게 어때?

③ 친구와 싸우면 먼저 사과하는 편이야.

④ 서로 대화를 했으니까 좀 기다려 볼까?

3)

① 아니. 나도 재미있는 사람을 많이 알아.

② 아니. 그 사람은 정말 조용한 성격이거든.

③ 맞아. 내가 만나고 싶은 사람도 말이 없는 사람이야.

④ 맞아. 대화가 잘 통하는 사람을 만나면 기분도 좋잖아.

03 다음을 듣고 질문에 답하세요.

Listen and answer the questions.

026

1) 프엉은 왜 잭에게 화가 났어요?

Why was Phuong angry at Jack?

① 인사를 안 해서

② 사과를 안 해서

③ 시간 약속을 안 지켜서

④ 전화를 너무 자주 해서

2) 들은 내용과 같은 것을 고르세요.

Choose the statement that matches what you heard.

① 프엉과 잭은 화해했어요.

② 잭과 프엉은 실수를 많이 해요.

③ 잭과 프엉은 깊은 대화를 나누었어요.

④ 프엉은 잭이 도착하자마자 화를 냈어요.

새 어휘 및 표현 Words and Expressions

다행이다 That's a relief. 잊어버리다 to forget 아까 a while ago 그날 that day 전 before 답답하다 to feel frustrated 지키다 to keep

읽기 Reading

01 다음 글 또는 그래프의 내용과 같은 것을 고르세요.
Choose the statement that matches the content of the passage or graph.

1)

성격 유형 검사

나의 성격 유형을 알고 싶은 신입생은 신청하세요!

· 대상 : 신입생
· 신청 방법 : 학교 홈페이지 게시판
· 신청 기간 : 5. 18.(월) ~ 5. 22.(금)

· 검사 방법 : 온라인
· 검사 일시 : 5. 28.(목) 오전 10:00
· 검사 결과 : 문자 메시지 발송

문의 : 학생상담센터 ☎ 1234-5678

① 성격 유형 검사는 5일 동안 진행합니다.
② 결과는 홈페이지에서 확인할 수 있습니다.
③ 1학년은 누구나 이 검사를 할 수 있습니다.
④ 검사를 하려면 학생상담센터에 직접 가야 합니다.

2)

내가 생각하는 '친한 친구'는?

〈대상: 대학생 852명〉

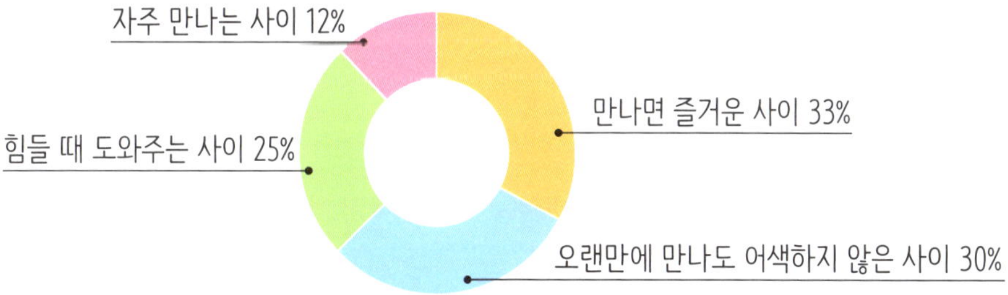

① '자주 만나는 사이'의 비율은 절반이 넘습니다.
② '힘들 때 도와주는 사이'는 전체의 1/3 이상을 차지합니다.
③ '오랜만에 만나도 어색하지 않은 사이'는 12%보다 높습니다.
④ 대학생이 생각하는 친한 친구는 '만나면 즐거운 사이'의 비율이 가장 낮습니다.

새 어휘 및 표현 Words and Expressions

유형 type 검사 test 일시 date and time 발송 sending 센터 center 누구나 anyone 비율 percentage 절반 half 넘다 to exceed 이상 over 차지하다 to account for

02 다음을 읽고 질문에 답하세요.
Read the passage and answer the questions.

우리는 아무리 친한 사이라도 친구와 가끔 싸우거나 말다툼을 할 수 있습니다. 성격이 비슷해도 서로의 속마음까지 다 아는 것은 어렵고, 성격 차이 때문에 가끔 오해가 생길 때도 있습니다. 이렇게 갈등이 생기면 먼저 대화가 필요합니다. 그때는 상대방의 말을 끊지 않고 잘 들어야 하고, 내 속마음도 솔직하게 이야기해야 합니다. 또한 사과를 하거나 입장을 바꿔 생각해 보는 것도 중요합니다. 이렇게 하면 기분 나쁜 일도 해결할 수 있고, 더 좋은 사이가 될 수도 있습니다.

1) 윗글을 쓴 목적으로 가장 알맞은 것을 고르세요.

Choose the purpose that best matches the passage.

① 대화를 잘하는 방법을 배우기 위해서

② 갈등을 해결할 수 있는 방법을 소개하기 위해서

③ 성격이 다른 사람과 잘 지내는 방법을 묻기 위해서

④ 다른 사람에게 속마음을 털어놓는 방법을 설명하기 위해서

2) 윗글의 내용과 같은 것을 고르세요.

Choose the statement that matches the passage.

① 친구와 말다툼을 하면 바로 사과해야 합니다.

② 가끔은 솔직한 말이 갈등을 더 크게 만듭니다.

③ 성격이 다르면 좋은 친구가 되는 것이 어렵습니다.

④ 오해가 생기면 상대방의 입장이 되어 생각해 보는 것도 좋습니다.

새 어휘 및 표현 Words and Expressions

그때 at that time　상대방 the other person　바로 immediately　솔직하게 honestly　이유 reason

쓰기 Writing

01 107쪽의 어휘와 아래 문법을 사용하여 문장을 만들어 보세요.
Create sentences that use the vocabualry on page 107 and the grammar patterns below.

문법 Grammars			
	· A-아/어/해 보이다	· V/A-잖아요	· V/A-(으)ㄴ/는 편이다
	· V-곤 하다	· V/A-아/어/해도	· V-자마자

1) ....

2) ....

3) ....

4) ....

5) ....

6) ....

02 01 에서 제시한 문법을 사용하여 빈칸에 알맞은 말을 쓰세요.

Use the grammar from 01 to fill in the blanks with the correct words.

카나 씨, 안녕하세요?
잭이에요.
카나 씨도 알다시피 다음 주에 시험을 (㉠).
그래서 친구들과 같이 도서관에서 공부하려고 하는데 카나 씨도 같이 공부하는 게 어때요?
이 메시지를 (㉡) 저에게 답장해 주세요. 기다릴게요.

오후 2:30

㉠

㉡

새 어휘 및 표현 Words and Expressions

알다시피 as you know

03 여러분의 성격은 어떻습니까? 107쪽의 어휘와 앞의 문법을 사용하여 여러분 성격의 장단점과 그 이유를 써 보세요.

What is your personality like? Using the vocabulary from page 107 and the grammar from above, write about the strengths and weaknesses of your personality and explain why.

내 성격의 장단점 Strengths and Weaknesses of My Personality	
나의 성격은 어때요? What is my personality like?	
내 성격의 장점과 그 이유는 뭐예요? What are the strengths of my personality, and why?	
내 성격의 단점과 그 이유는 뭐예요? What are the weaknesses of my personality, and why?	
단점을 고치기 위해 어떤 노력을 해요? What effort do you make to improve your weaknesses?	

실제 활동 Hands-on Activity

나와 잘 맞는 친구 찾기 Finding a Friend Who Matches Well With Me

오늘의 과제 Today's Task

여러분은 어떤 친구와 잘 맞아요? 나와 잘 맞는 친구는 누구인지 설문조사를 해 보세요. 그리고 그 친구를 인터뷰하는 영상을 촬영해 보세요.

What kind of friend do you get along well with? Conduct a survey to find out who matches well with you. Then, record a video interviewing that friend.

STEP 01 내 성격 프로필 만들기 Creating My Personality Profile

● 여러분의 성격을 써 보세요. Write about your personality.

- 나를 설명할 수 있는 성격 3가지를 써 보세요.

- 내 성격의 장단점을 써 보세요.

장점 :

단점 :

- 나는 언제 기분이 좋고, 언제 기분이 안 좋은지 써 보세요.

저는 ______________________ 때 기분이 좋아요.

하지만 ______________________ 때 기분이 안 좋아요.

STEP 02 설문조사 하기 Conducting a Survey

보기 와 같이 성격을 알아볼 수 있는 설문 문항을 만든 후, 친구 3명에게 설문을 해 보고 점수를 써 보세요.
점수 기준 : 매우 그렇다(5점) - 그렇다(4점) - 보통이다(3점) - 아니다(2점) - 전혀 아니다(1점)

Make survey questions that can help identify personality traits, as shown in the 보기 , then conduct the survey with three friends and record their scores.
Scoring criteria: Strongly Agree (5 points) - Agree (4 points) - Neutral (3 points) - Disagree (2 points) - Strongly Disagree (1 point)

보기

- 혼자 있는 시간이 편해요.
- 말을 많이 하는 편이에요.
- 새로운 사람을 만나는 것을 좋아해요.

번호	문항	나	친구 이름		
1					
2					
3					
4					
5					
6					
7					
8					
9					
10					
총점					

- 나와 점수가 비슷한 친구는 누구예요?

- 나와 점수가 가장 많이 차이 나는 친구는 누구예요?

STEP 03 나와 잘 맞는 친구 인터뷰 동영상 찍기

Filming an Interview Video with the Friend Who Matches Well with Me

- 나와 가장 점수가 비슷한 친구를 인터뷰해 보세요.

Interview the friend whose score is most similar to yours.

1) 자기 성격 소개하기

안녕하세요. 저는 ____________________ 입니다.

제 성격은 ____.

2) 친구 인터뷰하기

오늘은 저와 성격이 가장 비슷한 친구 ____________ 을/를 인터뷰하려고 합니다.

안녕하세요. ________ 씨!

우리가 성격을 알아보는 설문을 했는데, ________ 씨와 제 점수가 가장 비슷했어요.

질문 예) ________ 씨는 새로운 사람을 만나는 것을 좋아하잖아요. 어릴 때부터 그런 성격이었어요? 아니면 새로운 사람 만나는 걸 좋아하게 된 이유가 있었어요? 처음 보는 사람과 어떻게 대화를 시작해요?

질문 1.

질문 2.

질문 3.

3) 마무리하기

오늘 ________ 씨를 인터뷰했는데, ____

____.

그럼 오늘의 인터뷰를 마치겠습니다. 감사합니다.

STEP 04 동영상 보고 감상 말하기 Watching the Video and Sharing Your Thoughts

친구들의 인터뷰 영상을 보고 감상을 이야기해 보세요.
Watch your friends' interview videos and share your thoughts.

- 누가 가장 비슷한 성격의 친구를 찾았어요?

- 왜 그렇게 생각해요?

- 그 친구들에게 추천하고 싶은 활동이 있어요? 두 사람이 어떤 활동을 같이 하면 좋겠어요?

- 여러분은 자신과 비슷한 성격의 친구가 좋아요? 다른 성격의 친구가 좋아요? 그 이유는 뭐예요?

너랑 나랑 Talk Talk

다음 대화를 제시된 문법의 색깔에 맞춰 한국어로 바꿔 쓰세요.

Rewrite the following conversation in Korean, using the grammar patterns indicated by the colors.

A-아/어/해 보이다	V/A-잖아요	V/A-(으)ㄴ/는 편이다
V-곤 하다	V/A-아/어/해도	V-자마자

Macau, is something wrong?

Huh?

You're usually pretty outgoing, but you don't seem that way today.

Ah… I argued with Hajun this morning.

That's why you didn't look very happy. But why did you fight?

Hajun has been secretly wearing my clothes for a while, and I found out about it today.

Really? Even if you're close, he should ask first if he wants to wear your clothes.

Exactly. As soon as I saw him wearing my clothes today and asked him about it, he admitted he had been wearing them all this time.

Wow. I can see why you'd be upset.

Yeah. So I'm planning to talk to him again when I get home later.

어휘 확인 Vocabulary check

4과

- 성격 personality
- 꼼꼼하다 to be meticulous
- 덜렁대다 to be careless
- 친절하다 to be kind
- 차갑다 to be cold
- 변덕스럽다 to be moody
- 무뚝뚝하다 to be blunt
- 활발하다 to be outgoing
- 내성적이다 to be introverted
- 이기적이다 to be selfish
- 솔직하다 to be honest
- 느긋하다 to be laid-back
- 급하다 to be impatient

5과

- 갈등 conflict
- 오해를 하다 to misunderstand
- 말/대화가 안 통하다 to not communicate well
- 화를 내다 to get angry
- 싸우다/말다툼하다 to fight / to argue
- 말을 끊다 to interrupt
- 기분이 나쁘다 to feel bad
- 해결 solution
- 대화를 나누다 to have a conversation
- 속마음을 털어놓다 to open up
- 화해를 하다 to reconcile
- 입장을 바꿔 생각하다 to put oneself in someone's shoes

경험과 도전

Experience and Challenge

7과 **아르바이트 때문에 못 올 것 같아요.**
I don't think I can come because of my part-time job.

8과 **열심히 준비한 만큼 좋은 결과가 있을 거예요.**
Since you prepared so hard, you'll get good results.

9과 **활동 - 경험과 도전**
Activity - Experience and Challenge

7 과

Chapter 7

아르바이트 때문에 못 올 것 같아요.

I don't think I can come because of my part-time job.

- **어휘** 대학에서의 경험
  Experiences at University
- **문법 1** V/A-(으)ㄴ/는/(으)ㄹ 것 같다
- **문법 2** V-(으)려면
- **문법 3** V/A-기는(요)
- **말하기** 아르바이트 구하기
  Looking for a Part-Time Job

어휘 Vocabulary

※ 캠퍼스 안과 밖에서 어떤 다양한 경험을 할 수 있나요? 그림을 보고 이야기해 보세요.
What kinds of experiences can you have on and off campus? Look at the pictures and talk about them.

아르바이트(알바)

- 근무 조건을 확인하다
- 근무 시간을 조정하다
- 최저 시급을 받다
- 아르바이트를 구하다/찾다

배낭여행

- 예산을 정하다
- 숙소를 정하다
- 현지 문화를 배우다
- 새로운 경험을 쌓다

봉사 활동

- 자원 봉사를 하다
- 돈/물건을 기부하다
- 다른 사람에게 도움을 주다
- 보람을 느끼다

문법 1 Grammar 1 V/A-(으)ㄴ/는/(으)ㄹ 것 같다

V/A-(으)ㄴ/는/(으)ㄹ 것 같다

· 'V-(으)ㄴ/는/(으)ㄹ 것 같다'는 과거, 현재, 미래의 일에 대해 추측함을 나타낼 때 사용해요. 현재의 일을 추측할 때는 받침 유무와 관계없이 'V-는 것 같다'로 쓰고, 과거의 일을 추측할 때는 동사에 받침이 있으면 'V-은 것 같다', 받침이 없거나 'ㄹ' 받침이 있으면 'V-ㄴ 것 같다'를 써요. 미래의 일을 추측할 때는 동사에 받침이 있으면 'V-을 것 같다', 받침이 없거나 'ㄹ' 받침이 있으면 'V-ㄹ 것 같다'를 써요.

'V-(으)ㄴ/는/(으)ㄹ 것 같다' is used to express guesses or assumptions about the past, present, or future.
To make a guess about the present, use 'V-는 것 같다' regardless of whether the verb stem ends with a final consonant.
To make a guess about the past, use 'V-은 것 같다' if the verb stem ends with a final consonant, and 'V-ㄴ 것 같다' if it does not or if it ends with 'ㄹ'.
To make a guess about the future, use 'V-을 것 같다' if the verb stem ends with a final consonant, and 'V-ㄹ 것 같다' if it does not or if it ends with 'ㄹ'.

· 'A-(으)ㄴ/(으)ㄹ 것 같다'는 여러 상황으로 미루어 그 상태일 것이라고 추측함을 나타낼 때 사용해요. '-(으)ㄹ 것 같다'는 '-(으)ㄴ 것 같다'보다 좀 더 막연한 추측을 나타내요. 형용사에 받침이 있으면 'A-은/을 것 같다'로 쓰고, 받침이 없거나 'ㄹ' 받침이 있으면 'A-ㄴ/ㄹ 것 같다'로 써요. 단, '있다, 없다'로 끝나는 형용사의 경우에는 'A-는/을 것 같다'로 사용해요.

'A-(으)ㄴ/(으)ㄹ 것 같다' is used to make a guess about a state based on various clues or situations.
'-(으)ㄹ 것 같다' expresses a more general or less certain assumption than '-(으)ㄴ 것 같다'.
If the adjective stem ends with a final consonant, use 'A-은/을 것 같다', and if it does not or ends with 'ㄹ', use 'A-ㄴ/ㄹ 것 같다'.
However, for adjectives ending in '있다' or '없다', use 'A-는/을 것 같다'.

· 'V/A-(으)ㄴ/는/(으)ㄹ 것 같다'는 말하는 사람이 자신의 의견을 완곡하게 표현할 때도 사용해요.

'V/A-(으)ㄴ/는/(으)ㄹ 것 같다' is also used when the speaker wants to express their opinion in a softened or more indirect way.

· 명사와 결합할 때는 받침 유무와 관계없이 'N인/일 것 같다'로 써요.

When combined with nouns, use 'N인/일 것 같다' regardless of whether the noun ends with a final consonant.

027

가 유미 씨는 안 와요?
나 네. 주말마다 식당에서 아르바이트를 하거든요.
오고 싶어 했지만 아마 못 **올 것 같아요**.

가 Isn't Yumi coming?
나 No. She works part-time at a restaurant every weekend.
She wanted to come, but I don't think she'll be able to.

027

가 유미야, 구두가 마음에 들어?
나 응, 디자인은 마음에 드는데 발이 조금 **불편한 것 같아**.

가 Yumi, do you like the shoes?
나 Yeah, I like the design,
but they feel a bit uncomfortable on my feet.

새 어휘 및 표현 Words and Expressions

아마 maybe　디자인 design

연습 Practice 1

● 보기 와 같이 'V/A-(으)ㄴ/는/(으)ㄹ 것 같다', 'N인/일 것 같다'를 사용해서 대화를 완성해 보세요.
Complete the dialogue using 'V/A-(으)ㄴ/는/(으)ㄹ 것 같다' and 'N인/일 것 같다', as shown in the 보기 .

보기 가 과자가 식탁 위에 있었는데 어디 갔어?
나 아마 동생이 다 먹은 것 같아요.

1) 가 사람들이 우산을 가지고 들어와요. 밖에 비가 ______________________.

나 일기예보에는 비 소식이 없었는데 이상하네요.

2) 가 운동화가 저한테 조금 ______________________.

나 그러면 한 사이즈 작은 것을 보여 드릴까요?

3) 가 프엉 씨도 저녁 모임에 올 거예요?

나 죄송해요. 저는 오늘 일이 있어서 못 ______________________.

4) 가 어제 오전에는 달리기 한 시간, 오후에는 수영을 두 시간 했어요.

나 와, 다말 씨는 운동을 정말 ______________________.

5) 가 놀이공원에 표를 사는 줄이 길 것 같아?

나 응. 방학이라서 아마 사람이 ______________________.

6) 가 응? 밖에서 말소리가 나는데 누가 와요?

나 아마 ______________________. 언니가 오늘 일찍 오거든요.

새 어휘 및 표현 Words and Expressions

소식 news 이상하다 to be weird 사이즈 size 달리기 running 놀이공원 amusement park 말소리 voices

연습 Practice 2

보기 와 같이 그림을 보고 'V/A-(으)ㄴ/는/(으)ㄹ 것 같다', 'N인/일 것 같다'를 사용해서 친구와 이야기 해 보세요.

Look at the pictures and talk with your partner using 'V/A-(으)ㄴ/는/(으)ㄹ 것 같다' and 'N인/일 것 같다', as shown in the 보기 .

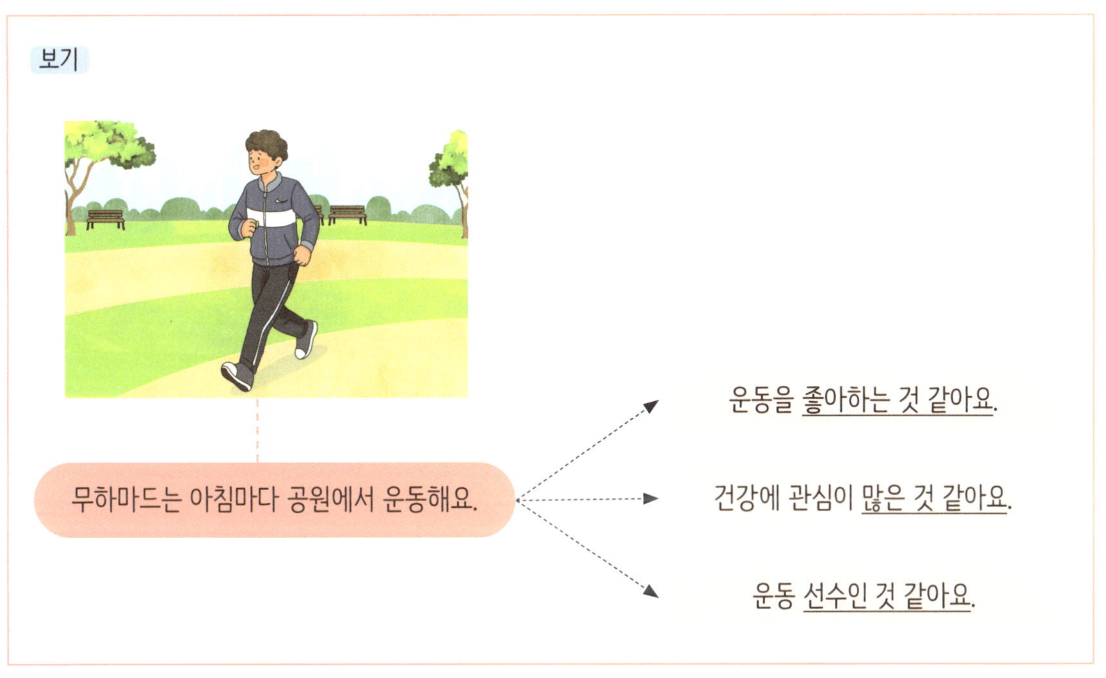

문법 2 Grammar 2 V-(으)려면

V-(으)려면

V-(으)려면'은 어떤 행동을 할 생각이나 계획이 있는 경우를 가정해서 말할 때 사용해요. 동사에 받침이 있으면 'V-으려면', 받침이 없거나 받침 'ㄹ'이 있으면 'V-려면'을 사용해요.

'V-(으)려면' is used when stating a condition based on an intention or plan to do something.
If the verb stem ends with a final consonant, use 'V-으려면'.
If it does not end with a final consonant or ends with 'ㄹ', use 'V-려면'.

028

가 하준 씨, 오늘도 아르바이트해요?

나 네, 요즘은 평일 저녁에도 해요.
여행을 **가려면** 돈이 더 필요하거든요.

가 Hajun, are you working part-time today as well?

나 Yes, these days I work on weekday evenings too.
I need more money if I want to go on a trip.

연습 Practice 1

● 보기 와 같이 'V-(으)려면'를 사용해서 대화를 완성해 보세요.
Complete the dialogue using 'V-(으)려면', as shown in the 보기 .

보기 가 해운대에 가려면 어떻게 해야 해?
나 지하철을 타면 돼. 1시간 정도 걸려.

1) 가 이 신발을 환불하고 싶은데 영수증을 잃어버렸어요.

나 손님, 죄송하지만 ________________ 영수증을 가져오셔야 해요.

2) 가 신분증을 다시 ________________ 뭐가 필요해요?

나 신청서와 사진을 가져가야 해요.

새 어휘 및 표현 Words and Expressions

영수증 receipt 신청서 application form

3) 가 지금 하는 아르바이트가 너무 힘들어서 그만두고 싶어.

나 ________________ 사장님께 한 달 전에 말해야 해.

4) 가 TOPIK 3급을 ________________ 어떻게 해야 해요?

나 시험 치기 전에 연습 문제를 많이 풀어 보세요.

5) 가 하준 씨, 왜 뛰어요?

나 7시 기차를 ________________ 빨리 가야 하거든요.

연습 Practice 2

● 보기 와 같이 'V-(으)려면'을 사용해서 질문에 대답해 보세요.

Answer the questions using 'V-(으)려면', as shown in the 보기 .

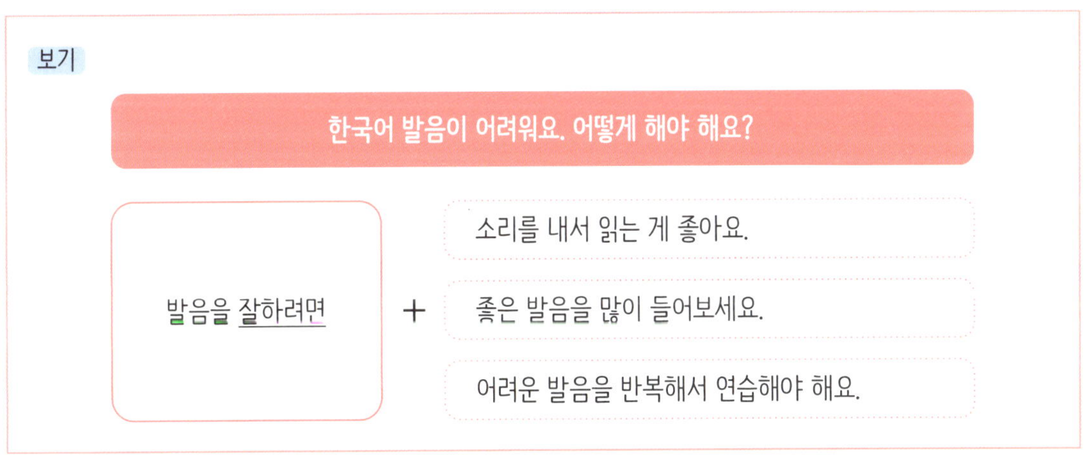

1) 밤에 잠이 잘 안 와요.
좋은 방법이 있어요?

2) 괜찮은 아르바이트가 필요해요.
어떻게 하면 돼요?

3) (   )을/를 배우고 싶어요.
어떻게 해야 해요?

4) 졸업하고 한국에 계속 있을 거예요.
뭐부터 준비해야 해요?

새 어휘 및 표현 Words and Expressions

그만두다 to quit 문제를 풀다 to do exercises 발음 pronunciation 반복하다 to repeat 소리를 내다 to make voice

문법 3 Grammar 3 V/A-기는(요)

V/A-기는(요)

- 'V/A-기는(요)'는 앞에 나오는 내용을 가볍게 부정할 때 사용해요. 그리고 상대방의 칭찬에 겸손하게 반응할 때도 써요. 동사, 형용사의 받침 유무에 관계없이 'V/A-기는(요)'를 사용해요.

  'V/A-기는(요)' is used to lightly disagree with what was said before. It is also used to respond modestly to a compliment.
  'V/A-기는(요)' is used regardless of whether the verb or adjective stem ends with a final consonant.

- 명사와 결합할 때는 'N(이)기는(요)'로 사용해요. 명사에 받침이 있으면 'N이기는(요)', 받침이 없으면 'N 기는(요)를 사용해요.

  When combined with nouns, use 'N(이)기는(요)'.
  If the noun ends with a final consonant, use 'N이기는(요)', and if it does not, use 'N기는(요)'.

029

가 늦게까지 아르바이트를 하면 힘들 것 같은데 어때?
나 **힘들기는**. 처음 해 보는 일이라서 재미있어.

가 Working until late must be tiring. How is it?
나 Tiring? Not really. It's fun because it's something I'm doing for the first time.

029

가 카나 씨는 피아노 연주를 정말 잘하는 것 같아요.
나 **잘하기는요**. 저는 그냥 피아노 치는 것을 좋아해요.

가 Kana, I think you're really good at playing the piano.
나 Good? Not at all. I just enjoy playing the piano.

새 어휘 및 표현 Words and Expressions

연주 performance

연습 Practice 1

보기 와 같이 'V/A-기는요, N(이)기는(요)'를 사용해서 대화를 완성해 보세요.

Complete the dialogue using 'V/A-기는요' and 'N(이)기는요', as shown in the 보기 .

보기 가 잭 씨, 가방이 많이 무거운데 들어 줘서 고마워요.

나 무겁기는요. 가방도 안 크잖아요.

1) 가 하오란 씨는 한국어가 유창해서 좋겠어요.

나 ________________. 한국어를 잘하려면 더 노력해야 해요.

2) 가 이 책 다 읽었어?

나 ________________. 아직 반도 못 읽었어.

3) 가 무하마드 씨, 방학이라서 좋겠어요.

나 ________________. 돈이 필요해서 아르바이트를 해야 해요.

4) 가 내일 너 아르바이트 쉬는 날이야?

나 ________________. 일이 많은 날이라서 더 일찍 출근해야 해.

5) 가 요즘 많이 바빠요?

나 ________________. 방학이라서 시간이 많아요.

6) 가 하오란 씨가 하는 봉사 활동은 신청 조건이 까다롭지요?

나 ________________. 관심만 있으면 누구나 다 할 수 있어요.

새 어휘 및 표현 Words and Expressions

들다 to pick up 유창하다 to be fluent 노력하다 to make effort 출근하다 to go to work 까다롭다 to be strict

연습 Practice 2

● 보기 와 같이 'V/A-기는(요)'를 사용해서 친구와 이야기해 보세요

Talk with your partner using 'V/A-기는(요)', as shown in the 보기 .

보기 가 하준 씨는 노래를 잘해요?

나 잘하기는요. 노래를 부르는 것보다 듣는 것을 더 좋아해요.

1)

2)

3)

4)

말하기 Speaking

※ 그림을 보고 순서대로 이야기를 완성하여 말해 보세요.

Look at the pictures and complete the story in order, then tell it.

제시카 씨가 아르바이트를 구하고 있습니다. 어떤 아르바이트를 찾고 있는지 이야기해 보세요.

Jessica is looking for a part-time job. Talk about what kind of job she is looking for.

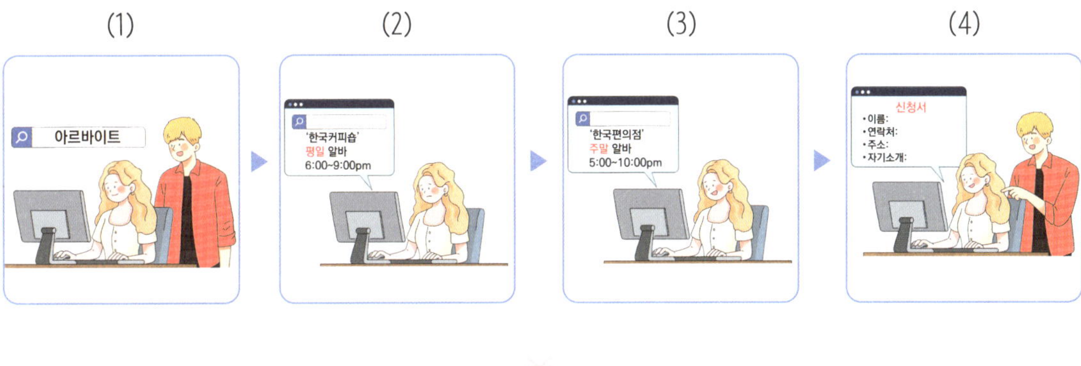

030

제시카 씨와 잭 씨는 함께 아르바이트를 찾고 있어요. 한국커피숍 아르바이트를 검색했지만 평일 알바라서 **힘들 것 같아요**. 그래서 다른 아르바이트를 찾았는데 주말 편의점 알바라서 좋아요. **지원하려면** 신청서를 써야 하는데 잭 씨가 도와주고 있어요.

Jessica and Jack are looking for part-time jobs together. They searched for a part-time job at a Hanguk coffee shop, but it seems difficult because it's a weekday job. So they looked for another part-time job and found a weekend convenience store job, which they like. To apply, She need to fill out an application form, and Jack is helping with it.

대화 Dialogue

031

제시카	잭 씨, 아르바이트 **해 본 적 있어요**?
잭	네. 저는 커피숍 아르바이트를 해 봤어요. 6개월 정도요.
제시카	어렵지 않았어요?
잭	**어렵기는요**. 재미있는 경험이었어요. 사장님도 친절하셨어요.
제시카	그래요? 저도 지금 아르바이트를 구하고 있거든요. 잭 씨는 아르바이트를 어떻게 찾았어요?
잭	저는 이 사이트에서 찾았어요. 음, 여기 보세요. 지금도 '한국커피숍'에서 알바를 구하고 있네요.
제시카	그런데 저는 평일 아르바이트는 좀 **힘들 것 같아요**. 학교 과제가 많아서요.
잭	그럼 이건 어때요? '한국편의점'은 주말 알바네요.
제시카	오, 근무 시간도 좋네요. 여기 지원해 보고 싶어요.
잭	**지원하려면** 먼저 신청서부터 써야 해요. 여기 이름이랑 연락처부터 쓰세요.

하나 더 Extra tips

'V-(으)ㄴ 적이 있다/없다'는 어떤 일의 경험이 있음/없음을 나타내요. 어떤 것을 시도한 경험을 말할 때는 '-아/어 봤어요'를, 단순한 경험의 유무를 나타내려면 'V-(으)ㄴ 적이 있다/없다'를 쓰는 것이 자연스러워요.

'V-(으)ㄴ 적이 있다/없다' is used to express whether someone has or has not experienced something before.

When talking about trying something, '-아/어 봤어요' is used, but when simply stating the presence or absence of an experience, 'V-(으)ㄴ 적이 있다/없다' sounds more natural.

Jessica	Jack, have you ever had a part-time job?
Jack	Yes. I worked at a café for about six months.
Jessica	Wasn't it difficult?
Jack	Difficult? Not at all. It was a fun experience, and the owner was very kind.
Jessica	Really? I'm looking for a part-time job right now. How did you find yours?
Jack	I found it on this website. Hmm··· look here. They're hiring at "Hankuk Coffee Shop" again.
Jessica	But I think weekday part-time jobs might be hard for me. I have a lot of school assignments.
Jack	Then how about this one? "Hankuk Convenience Store" is a weekend job.
Jessica	Oh, the working hours look good too. I want to apply for this one.
Jack	If you want to apply, you need to fill out the application form first. Start by writing your name and contact information here.

새 어휘 및 표현 Words and Expressions

개월 month(s) 정도 around 사이트 site

연습 Practice

※ 그림을 보고 순서대로 이야기를 완성하여 말해 보세요.

Look at the pictures and complete the story in order, then tell it.

무하마드 씨가 아르바이트를 구하고 있습니다. 어떤 아르바이트를 찾고 있는지 'V/A-(으)ㄴ/는/(으)ㄹ 것 같다, V-(으)려면'을 사용해서 이야기해 보세요.

Muhammad is looking for a part-time job. Using 'V/A-(으)ㄴ/는/(으)ㄹ 것 같다' and 'V-(으)려면', talk about what kind of job he is looking for.

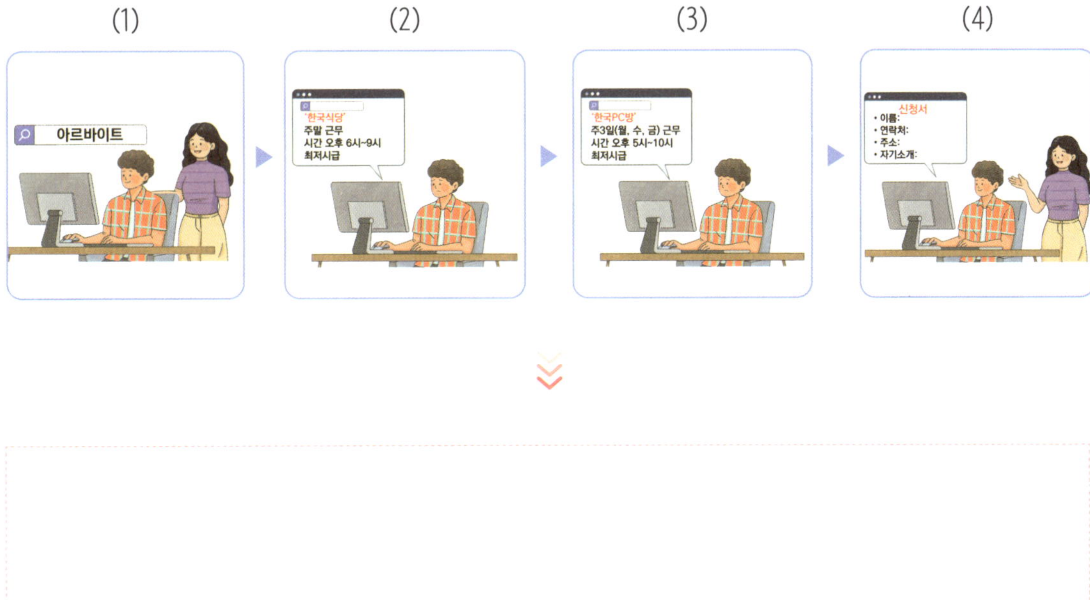

※ 그림을 보고 순서대로 이야기를 완성하여 말해 보세요.

Create a dialogue with your partner that includes the story above.

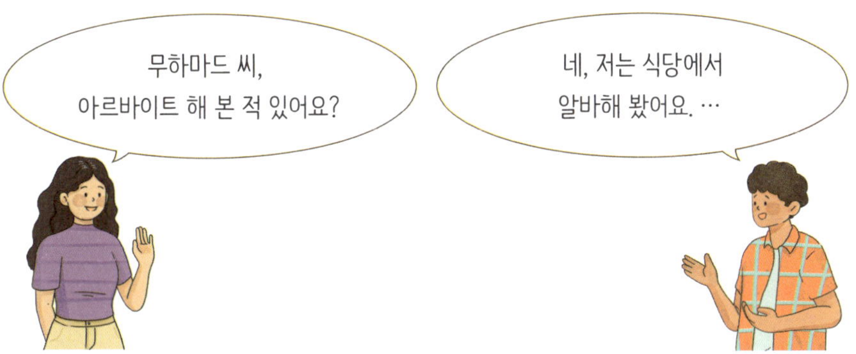

메모

8과

Chapter 8

열심히 준비한 만큼 좋은 결과가 있을 거예요.

Since you prepared so hard, you'll get good results.

어휘 대학 활동
University Activities

문법 1 V-다가

문법 2 V/A-(으)ㄴ/는 만큼

문법 3 V-ㄴ/는다, A-다

말하기 말하기 대회 참가 경험 말하기
Talking About Your Experience Participating in a Speaking Contest

어휘 Vocabulary

※ 캠퍼스에서 새로운 도전을 해 본 적이 있나요? 그림을 보고 이야기해 보세요.

Have you ever tried a new challenge on campus? Look at the pictures and talk about it.

- 신청서를 작성하다
- 대회에 참가하다
- 대회에서 상/상금을 받다

- 동아리를 홍보하다
- 회원을 모집하다
- 행사를 기획하다

· 비교과 프로그램을 신청하다
· 진로 특강을 듣다
· 포트폴리오를 준비하다

· 인턴십에 지원하다
· 공모전에 도전하다
· 경력을 쌓다

문법 1 Grammar 1 V-다가

V-다가

· 'V-다가'는 어떤 행동이나 상태 등이 중단되고 다른 행동이나 상태로 바뀌는 것을 나타낼 때 사용해요. 동사에 받침 유무와 관계없이 'V-다가'를 써요. 과거의 일을 말할 때는 'V-았/었다가'를 사용해요.

'V-다가' is used to indicate that an action or state is interrupted and changes to another action or state.
It is used with verbs regardless of whether the verb stem ends with a final consonant. When talking about a past event, 'V-았/었다가' is used.

· 'V-다가'는 앞에 오는 말이 뒤에 오는 말의 원인이나 근거가 되는 것을 나타낼 때도 써요. 이 경우 뒤에 오는 말은 주로 부정적 상황이 많아요.

'V-다가' is also used when the preceding action becomes the cause or basis for what follows. In this case, the following situation is usually negative.

032

가 다말 씨, 이번 한국어 말하기 대회에 신청할 거예요?
나 아니요. 신청서를 **쓰다가** 그만뒀어요.
아직 한국어 실력이 부족한 것 같아요.

가 Damal, are you going to apply for the Korean speech contest this time?
나 No. I started filling out the application form but stopped. I don't think my Korean skills are good enough yet.

032

가 카나 씨, 왜 이렇게 늦었어요?
나 지하철에서 **졸다가** 못 내렸어요.

가 Kana, why are you so late?
나 I dozed off on the subway and missed my stop.

새 어휘 및 표현 Words and Expressions

실력 skill　부족하다 to lack　졸다 to doze

연습 Practice 1

보기 와 같이 'V-다가'를 사용해서 밑줄에 알맞은 말을 쓰세요.

Fill in the blanks using 'V-다가', as shown in the 보기 .

보기 멍하게 있다가 선생님 말씀을 못 들었어요.

1) 책을 ____________________ 잠깐 다른 생각을 했어요.

2) 밥을 빨리 ____________________ 배탈이 났어요.

3) 왜 말을 ____________________ 그만둬요? 궁금하잖아요.

4) 뜨거운 커피를 ____________________ 입을 데었어요.

5) 방을 ____________________ 침대 밑에서 10년 전 사진을 찾았어요.

연습 Practice 2

보기 와 같이 'V-다가'를 사용해서 친구와 이야기해 보세요.

Talk with your partner using 'V-다가', as shown in the 보기 .

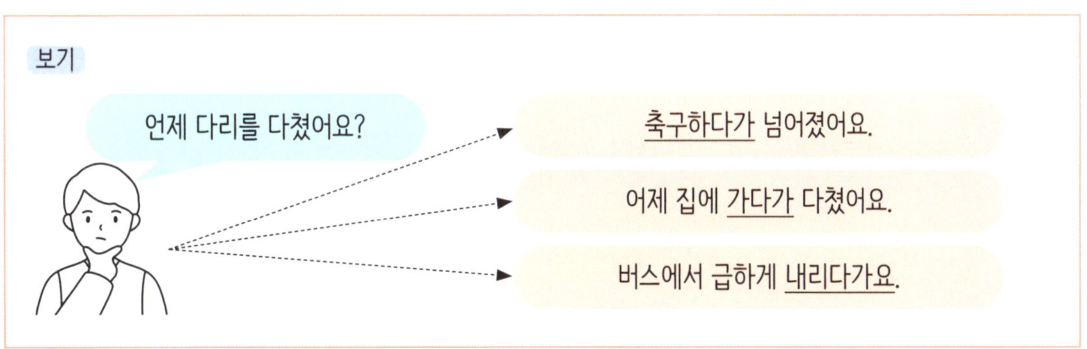

1) 학교에 왜 늦었어요?

2) 왜 울었어요?

3) 어떻게 하다가 친구랑 싸웠어요?

4) 휴대폰을 어떻게 하다가 잃어버렸어요?

새 어휘 및 표현 Words and Expressions

멍하게 blankly 데다 to scald 넘어지다 to fall down 급하게 in a hurry

문법 2 Grammar 2 V/A-(으)ㄴ/는 만큼

V/A-(으)ㄴ/는 만큼

- 'V/A-(으)ㄴ/는 만큼'은 앞의 내용이 뒤에 나오는 내용의 원인이나 근거가 됨을 나타날 때 사용해요. 동사, 형용사의 받침 유무에 상관없이 동사는 'V-는 만큼'으로 쓰고, 형용사는 'A-(으)ㄴ 만큼'으로 써요. 과거의 일을 말할 때는 동사에 받침이 있으면 'V-은 만큼', 받침이 없거나 'ㄹ' 받침이 있으면 'V-ㄴ 만큼'을 써요.

  'V/A-(으)ㄴ/는 만큼' is used when the preceding clause provides the reason or basis for the following clause.
  For verbs, use 'V-는 만큼' regardless of whether the verb stem ends with a final consonant.
  For adjectives, use 'A-(으)ㄴ 만큼'.
  When referring to past events, use 'V-은 만큼' if the verb stem ends with a final consonant, and 'V-ㄴ 만큼' if it does not or ends with 'ㄹ'.

- 명사와 결합할 때는 받침 유무와 관계없이 'N인 만큼'을 사용해요.

  When combined with nouns, use 'N인 만큼' regardless of whether the noun ends with a final consonant.

033

가 다말 씨, 오늘이 대회지요?
열심히 **준비한 만큼** 좋은 결과가 있을 거예요.
나 고마워요. 긴장하지 않으려고 하는데 그래도 떨리네요.

가 Damal, the contest is today, right?
Since you prepared so hard, you'll get good results.
나 Thank you. I'm trying not to be nervous, but I still feel a bit shaky.

연습 Practice 1

● 보기 와 같이 'V/A-(으)ㄴ/는 만큼', 'N인 만큼'을 사용해서 밑줄에 알맞은 말을 쓰세요.
Fill in the blanks using 'V/A-(으)ㄴ/는 만큼' and 'N인 만큼', as shown in the 보기 .

보기 많은 사람들의 기대를 받는 만큼 부담이 큰 것 같아요.

1) 다양한 경험을 ____________________ 성장할 거야.

2) 친한 ____________________ 다 말하지 않아도 그 친구의 마음을 알아요.

새 어휘 및 표현 Words and Expressions

결과 result 떨리다 to be nervous 기대 expectation 부담 pressure 다양하다 to be various 성장하다 to grow

3) 매일 열심히 ____________________ 피아노 연주 실력이 늘었어요.

4) 지금은 좀 힘들겠지만 ____________________ 나중에 보람을 느낄 거예요.

5) 제가 성격이 좀 ____________________ 자주 넘어지곤 해요.

연습 Practice 2

보기 와 같이 'V/A-(으)ㄴ/는 만큼', 'N인 만큼'을 사용해서 친구와 이야기해 보세요.
Talk with your partner using 'V/A-(으)ㄴ/는 만큼' and 'N인 만큼', as shown in the 보기 .

보기

시험 공부를 열심히 하다	+	성적이 좋았어요.
		한번에 합격할 거예요.
		장학금을 받을 수 있을 것 같아요.

▶ 시험 공부를 열심히 한 만큼 성적이 좋았어요.
한번에 합격할 거예요.
장학금을 받을 수 있을 것 같아요.

1) 다양한 경험을 쌓다 +

2) 유명한 사람이다 +

3) 공모전 도전이 처음이다 +

4) 한국 생활을 10년 하다 +

새 어휘 및 표현 Words and Expressions

합격하다 to pass

문법 3 Grammar 3 V-ㄴ/는다, A-다

V-ㄴ/는다, A-다

- 'V-ㄴ/는다, A-다'는 어떤 사건이나 사실, 상태를 서술함을 나타낼 때 써요. 말할 때가 아니라 글로 쓸 때 사용하는 격식체 반말 표현이에요. 동사의 경우 받침이 있으면 'V-는다', 받침이 없거나 'ㄹ' 받침이 있으면 'V-ㄴ다'를 써요. 형용사는 받침 유무와 관계없이 'A-다'를 사용해요.

  'V-ㄴ/는다, A-다' is used to describe events, facts, or states.
  It is a formal plain-style ending used in writing, not in spoken language.
  For verbs, use 'V-는다' if the verb stem ends with a final consonant, and 'V-ㄴ다' if it does not or ends with 'ㄹ'.
  For adjectives, use 'A-다' regardless of whether the stem ends with a final consonant.

- 명사와 결합할 때는 'N(이)다'를 사용해요. 명사에 받침이 있으면 'N이다', 받침이 없으면 'N다'를 써요.

  When combined with nouns, use 'N(이)다'.
  If the noun ends with a final consonant, use 'N이다', and if it does not, use 'N다'.

- 과거의 일을 말할 때는 'V/A-았/었다, N였다'를 사용해요.

  To describe past events, use 'V/A-았/었다' and 'N였다'.

- 미래의 일을 말할 때는 동사나 형용사에 받침이 있으면 'V/A-을 것이다', 받침이 없거나 'ㄹ' 받침이 있으면 'V/A-ㄹ 것이다'를 써요.

  To describe future events, use 'V/A-을 것이다' if the verb or adjective stem ends with a final consonant, and 'V/A-ㄹ 것이다' if it does not or ends with 'ㄹ'.

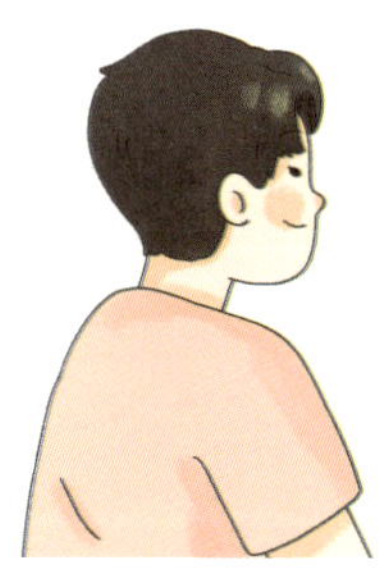

034

나는 이제 4학년**이다**. 졸업반인 만큼 취업에도 관심을 가져야 **한다**. 그래서 이번에 진로 특강을 **신청했다**. 특강 내용과 분위기가 **궁금하다**.

I am now a senior. Since I'm in my final year, I need to start paying attention to getting a job.
So I signed up for a career seminar this time. I'm curious about the content and atmosphere of the seminar.

새 어휘 및 표현 Words and Expressions

졸업반 senior class　궁금하다 to be curious

연습 Practice 1

보기 와 같이 'V-ㄴ/는다', 'A-다', 'N(이)다'를 사용해서 밑줄에 알맞은 말을 쓰세요.
Fill in the blanks using 'V-ㄴ/는다', 'A-다', and 'N(이)다', as shown in the 보기 .

보기 다양한 학교 프로그램에 참가하려고 해요. ▶ 다양한 학교 프로그램에 참가하려고 한다.

1) 요즘은 커피숍에서 공부하는 사람들이 많습니다. ▶ 요즘은 커피숍에서 공부하는 사람들이 ___________.

2) 시험 기간이라서 도서관에 자리가 없어요. ▶ 시험 기간이라서 도서관에 자리가 ___________.

3) 보통 학교 식당에서 점심을 먹습니다. ▶ 보통 학교 식당에서 점심을 ___________.

4) 한국에서 3년째 유학 중인 유학생이에요. ▶ 한국에서 3년째 유학 중인 ___________.

5) 배탈이 나서 배가 아픕니다. ▶ 배탈이 나서 배가 ___________.

6) 어제 길을 가다가 친구를 만났어요. ▶ 어제 길을 가다가 친구를 ___________.

7) 그 사람은 어릴 때부터 키가 컸습니다. ▶ 그 사람은 어릴 때부터 키가 ___________.

8) 쉬는 시간에 친구들과 운동장에서 놀아요. ▶ 쉬는 시간에 친구들과 운동장에서 ___________.

9) 지금은 아니지만 예전에 친했던 친구예요. ▶ 지금은 아니지만 예전에 친했던 ___________.

10) 이번 학기부터는 정말 열심히 공부할 거예요. ▶ 이번 학기부터는 정말 열심히 공부할 ___________.

새 어휘 및 표현 Words and Expressions

N째 for N years/months/days now　어리다 to be young

연습 Practice 2

보기 와 같이 'V-ㄴ/는다', 'A-다', 'N(이)다'를 사용해서 바꿔 보세요.
Rewrite the sentences using 'V-ㄴ/는다', 'A-다', and 'N(이)다', as shown in the 보기 .

보기

"저는 다음 주부터 영화제에서 대학생 자원 봉사를 해요. 외국인 관람객에게 한국어 통역으로 도움을 주는 역할이에요. 준비하는 과정이 어려웠고 조금 긴장도 되지만 그래도 즐거워요. 이렇게 다양한 경험을 쌓는 것이 저에게 도움이 될 거예요."

나는 다음 주부터 영화제에서 대학생 자원 봉사를 한다. 외국인 관람객에게 한국어 통역으로 도움을 주는 역할이다. 준비하는 과정이 어려웠고 조금 긴장도 되지만 그래도 즐겁다. 이렇게 다양한 경험을 쌓는 것이 나에게 도움이 될 것이다.

1)

"저는 방학 때 학교 안에서 하는 인턴십을 신청할 거예요. 지원하려고 하는 곳은 유학생들에게 프로그램 홍보와 안내를 하는 부서예요. 아직 한국어는 서툴지만 도전해 보고 싶어요. 모르는 것은 물어보고 배우면 될 것 같아요. 면접부터 열심히 준비해야겠어요."

2)

"저는 이번 학기 학교 축제에 참여할 예정이에요. 친구들과 함께 국제 음식 부스를 준비하고 있거든요. 우리는 베트남 음식을 만들 거예요. 처음이라 걱정도 되지만, 재미있을 것 같아요. 한국 학생들과 함께 축제를 준비하는 건 즐거워요."

새 어휘 및 표현 Words and Expressions

관람객 visitor　통역 interpretation　과정 process　부서 department　서툴다 to be clumsy　국제 international　부스 booth

말하기 Speaking

※ 그림을 보고 순서대로 이야기를 완성하여 말해 보세요.

Look at the pictures and complete the story in order, then tell it.

하오란 씨가 한국어 말하기 대회에 참가했습니다. 어떤 일이 있었는지 이야기해 보세요.

Haolan participated in a Korean speech contest. Talk about what happened.

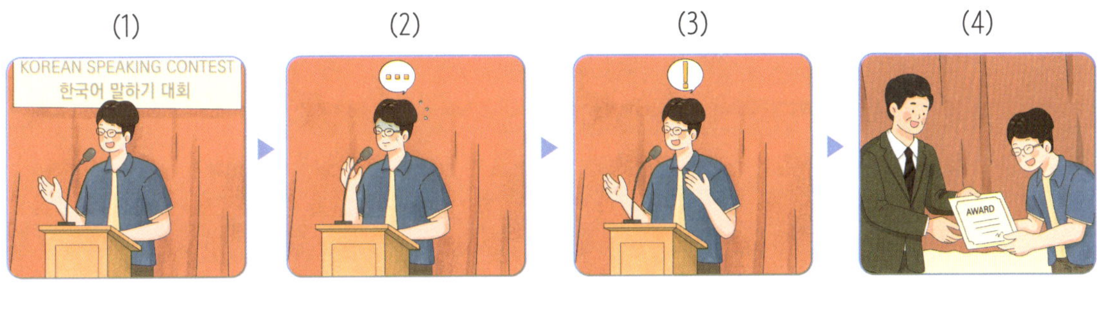

035

하오란은 오늘 한국어 말하기 대회에 참가했어요. 열심히 **준비한 만큼** 발표를 잘하고 있었어요. 그런데 발표를 **하다가** 갑자기 다음 내용을 잊어버렸어요. 하지만 다시 생각해서 발표를 할 수 있었어요. 대회가 끝날 때 상을 받아서 뿌듯했어요.

Haolan participated in a Korean speech contest today. Because he prepared so hard, he was presenting well. However, while he was presenting, he suddenly forgot what came next. But he was able to continue after recalling it. When the contest ended, he received an award and felt proud.

새 어휘 및 표현 Words and Expressions

뿌듯하다 to feel proud

대화 Dialogue

036

카나	하오란 씨, 오늘 말하기 대회에서 발표 잘했어요?
하오란	어땠을 것 같아요?
카나	그동안 열심히 **준비한 만큼** 잘했을 것 같아요.
하오란	잘하기는요. 너무 긴장해서 **발표를 하다가** 내용을 잊었어요.
카나	아이고, 어떻게 했어요? 중간에 그만뒀어요?
하오란	아니요. 다시 생각을 해서 발표를 마무리할 수 있었어요.
카나	잘했네요. 하오란 씨가 정말 당황했겠어요.
하오란	네. 그래도 대회가 끝날 때 상을 받았어요. 상을 받으러 올라가는데 뿌듯했어요.
카나	멋지네요, 축하해요!

하나 더 Extra tips

'V-(으)러 가다/오다'는 동사의 뒤에 붙어 어떤 장소에 가는(오는) 목적을 나타내요. 동사가 모음이나 받침이 'ㄹ'로 끝나면 'V-러 가다/오다'를 쓰고 그 외에는 'V-(으)러 가다/오다'를 사용해요.

'V-(으)러 가다/오다' is attached after a verb to express the purpose of going to or coming from a place. If the verb stem ends in a vowel or the final consonant 'ㄹ', use 'V-러 가다/오다'. In all other cases, use 'V-(으)러 가다/오다'.

Kana	Haolan, did your presentation go well at the speech contest today?
Haolan	What do you think?
Kana	Since you worked so hard preparing, I think you did well.
Haolan	Did well? Not really. I was so nervous that I forgot part of my speech while presenting.
Kana	Oh no, what did you do? Did you stop in the middle?
Haolan	No. I remembered it again and was able to finish the presentation.
Kana	Nice job. You must have been really flustered.
Haolan	Yes. But I received an award at the end of the contest. I felt proud when I went up to get it.
Kana	That's great—congratulations!

새 어휘 및 표현 Words and Expressions

마무리하다 to end   멋지다 to be wonderful   최고 best

※ 그림을 보고 순서대로 이야기를 완성하여 말해 보세요.

Look at the pictures and complete the story in order, then tell it.

무하마드 씨가 인턴십 프로그램에 지원해서 면접을 봤습니다. 무하마드에게 무슨 일이 있었는지 'V/A-(으)ㄴ/는 만큼, V-다가'를 사용해서 이야기하세요.

Muhammad applied for an internship program and had an interview.

Using 'V/A-(으)ㄴ/는 만큼' and 'V-다가', talk about what happened to him.

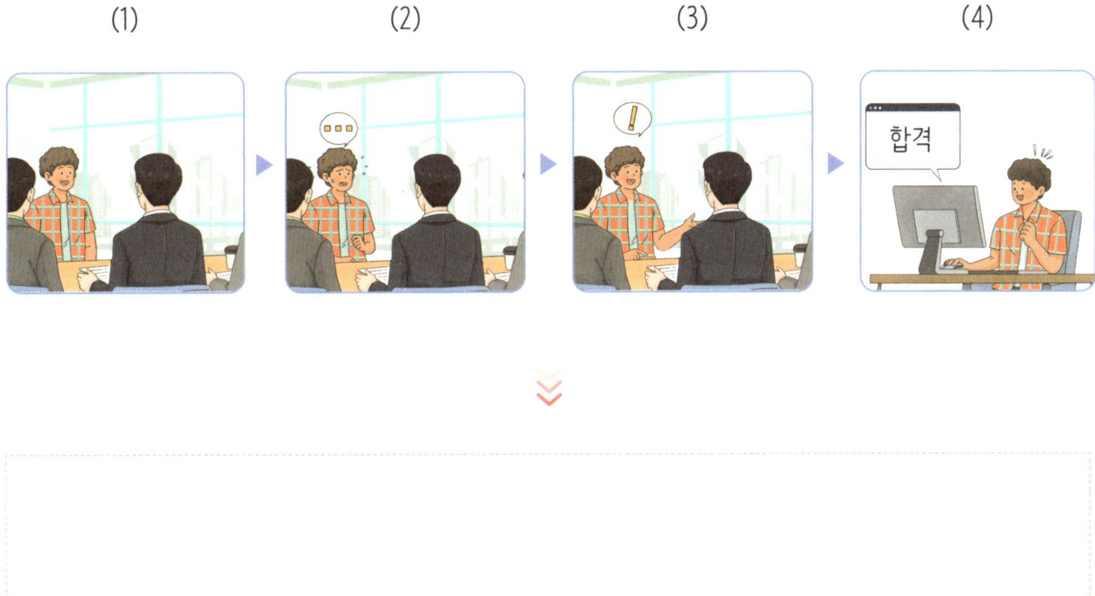

※ 위의 이야기를 포함한 대화를 친구와 만들어 보세요.

Create a dialogue with your partner that includes the story above.

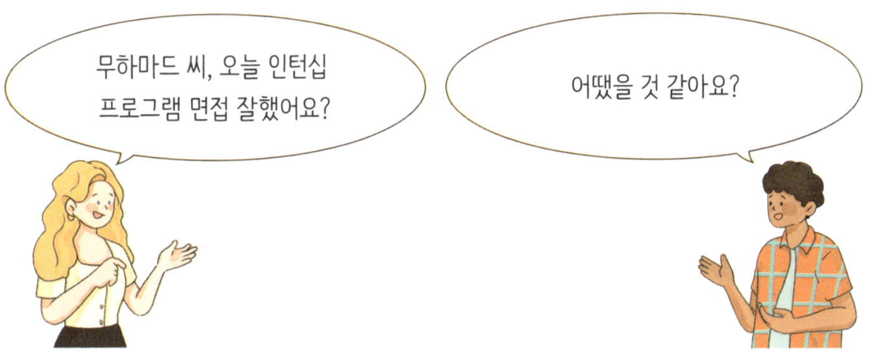

9 과

Chapter 9

활동 - 경험과 도전

Activity - Experience and Challenge

- 듣기 Listening
- 읽기 Reading
- 쓰기 Writing

듣기 Listening

01 다음을 듣고 알맞은 그림을 찾아 번호를 쓰세요.
Listen and choose the picture that matches what you hear, then write the number. 037

1) (　　　　　) 2) (　　　　　) 3) (　　　　　) 4) (　　　　　)

①

②

③

④

02 다음을 듣고 질문에 답하세요.
Listen and answer the questions. 038

1) 들은 내용으로 맞는 것을 고르세요.

Choose the answer that matches what you heard.

① 남자는 말하기 대회에 참가한 적이 없다.

② 여자는 한국어 발음이 좋지 않은 편이다.

③ 남자는 대회에 직접 가서 여자를 응원했다.

④ 여자는 발표를 하다가 실수를 해서 상을 못 받았다.

새 어휘 및 표현 Words and Expressions

환영하다 to welcome　만족하다 to be satisfied　응원하다 to support　아쉽다 to be sorry

2) 마지막에 남자가 할 말로 맞는 것을 고르세요.

Choose what the man is most likely to say at the end.

① 상을 못 받아서 조금 아쉬워요. ② 맞아요. 카나 씨는 잘할 거예요.

③ 네, 다음에 저도 도전해 볼게요. ④ 대회에서 긴장하지 말고 잘하세요.

03 다음을 듣고 질문에 답하세요.

Listen and answer the questions.

039

1) 들은 내용으로 맞는 것을 고르세요.

Choose the answer that matches what you heard.

① 여자가 참가하는 인턴십은 내일부터 시작된다.

② 여자는 학교 밖의 센터에서 인턴십을 할 것이다.

③ 남자는 작년에 인턴십 프로그램에 참가한 경험이 있다.

④ 여자는 사무실에서 일하다가 실수한 적이 있어서 걱정이 많다.

2) 마지막에 여자가 할 말로 맞는 것을 고르세요.

Choose what the woman is most likely to say at the end.

① 그 말을 들으니까 더 걱정이 돼요. ② 하지만 일이 너무 힘들 것 같아요.

③ 제가 인턴십을 할 때는 어렵지 않았어요. ④ 저도 기대하는 마음으로 해 봐야겠어요.

읽기 Reading

01 다음을 읽고 질문에 답하세요.

Read the passage and answer the questions.

지난주 수요일에 유학생 진로 특강이 있었다. 이 특강은 외국인 유학생들이 한국에서 진로를 준비하는 방법을 알려 주는 프로그램이었다. 친구가 추천했는데 나는 요즘 졸업 후 진로 때문에 고민이 많아서 바로 신청했다. 특강을 들으러 갔는데 유학생들이 정말 많았다. 모두 나와 비슷한 고민이 있는 것 같았다.

특강에서는 취업을 위해 포트폴리오를 만드는 방법과 면접 전략을 배웠다. 그래서 지금 나에게 부족한 부분을 생각해 볼 수 있었다. 또 졸업한 외국인 선배의 경험도 들었다. 선배는 한국 회사에 취직한 이야기와 힘든 점을 말했다. 나는 그 이야기를 듣고 용기를 얻었다. 이런 특강이 유학생들에게 정말 필요한 것 같다.

1) 이 글의 제목으로 어울리는 것을 고르세요.

Choose the title that best fits the passage.

① 좋은 회사에 취직하는 방법　② 유학생을 위한 특별한 강의

③ 유학생 선배와 같이 한 문화 체험　④ 한국 회사에 취직하기 어려운 이유

2) 다음을 읽고 맞는 것을 고르세요.

Read the following and choose the correct answer.

① 진로 특강은 지난주 주말에 있었다.

② 특강에 유학생들은 많이 오지 않았다.

③ 졸업한 선배는 한국 회사에 취직한 경험을 말했다.

④ 이 사람이 친구들에게 특강을 추천해서 같이 갔다.

새 어휘 및 표현 Words and Expressions

전략 strategy　용기 courage　얻다 to gain

02 다음을 읽고 질문에 답하세요.
Read the passage and answer the questions.

㉠(   ) 플로깅 봉사 활동부터!

지난 토요일 오후에 공원에서 쓰레기를 줍는 플로깅 봉사 활동을 했다. 이것은 우리 대학교에서 하는 학생 봉사 활동인데 이번에는 외국인 유학생도 30명을 모집했다. 나는 평소 플로깅 활동에 관심이 많아서 소식을 듣자마자 신청했다. 또 한국인 친구들을 만날 수 있는 좋은 기회가 될 것 같았다.

우리는 오후 3시에 공원에서 만나 인사한 후 활동을 시작했다. 모두 나처럼 자연을 사랑하는 사람들이라서 마음이 잘 통했고 친구도 쉽게 사귈 수 있었다. 쓰레기를 줍다가 만난 한국의 아름다운 자연 풍경은 나에게 선물 같았다. 더운 날씨라서 조금 힘들었지만, 힘든 만큼 보람을 느낄 수 있는 활동이었다. 다음에도 이런 기회가 있으면 친구들에게 꼭 추천하고 싶다.

1) 이 글의 제목으로 ㉠에 어울리는 것을 고르세요.

Choose the title that best fits ㉠ in the passage.

① 아픈 지구를 구하려면　　② 한국 친구를 새로 만들려면

③ 보람 있는 유학 생활을 하려면　　④ 특별한 봉사 활동을 소개하려면

2) 다음을 읽고 맞는 것을 고르세요.

Read the following and choose the correct answer.

① 지난 토요일은 날씨가 조금 더운 편이었다.

② 이번 활동은 보통 때처럼 외국인 학생만 모집했다.

③ 이 사람은 친한 친구들과 함께 플로깅 봉사 활동을 신청했다.

④ 이 사람이 적극적으로 추천해서 봉사 활동에 참여하는 친구가 늘었다.

새 어휘 및 표현 Words and Expressions

쓰레기 trash　줍다 to pick up　플로깅 plogging　기회 chance　풍경 scenery　지구 earth　늘다 to increase

쓰기 Writing

01 151쪽의 어휘와 아래 문법을 사용하여 문장을 만들어 보세요.
Create sentences that use the vocabualry on page 151 and the grammar patterns below.

문법 Grammars			
	· V/A-(으)ㄴ/는/(으)ㄹ 것 같다	· V-(으)려면	· V/A-기는(요)
	· V-다가	· V/A-(으)ㄴ/는 만큼	· V-ㄴ/는다, A-다

1) ______________________________.

2) ______________________________.

3) ______________________________.

4) ______________________________.

5) ______________________________.

6) ______________________________.

02 (01)에서 제시한 문법을 사용하여 빈칸에 알맞은 말을 쓰세요.

Use the grammar from (01) to fill in the blanks with the correct words.

아르바이트생을 구합니다.

저희 가게에서 함께 일할 가족을 찾습니다.
한국대학교 정문에서 5분 거리에 있는 '친구 커피숍'입니다.
근무 시간은 평일 저녁 7시부터 10시까지, 매일 3시간입니다.
시급은 최저 시급으로 드립니다.
3개월 이상 성실하게 일할 수 있는 분이면 (　　㉠　　).
저희 가게에서 (　　㉡　　) 아래 번호로 연락 주시기 바랍니다.
감사합니다.

*연락처 : 010-1234-5678

㉠

㉡

새 어휘 및 표현 Words and Expressions

성실하게 sincerely

03 아래의 주제 중 하나를 골라 자기를 소개하는 글을 써 보세요.

Choose one of the topics below and write a self-introduction.

주제	· 아르바이트 지원 · 한국어 말하기 대회 지원 · 교내 인턴십 프로그램 지원

(　　　　　　) 지원서	
작성자의 이름, 전공, 한국에 거주한 기간 등 기본 정보를 소개하세요. Introduce your basic information, such as your name, major, and how long you have lived in Korea.	
지원하게 된 동기를 쓰세요. Write about your motivation for applying.	
여기에 참여하게 되면 어떻게 할 것인지 계획을 쓰세요. Write about what you plan to do if you participate in this program.	
마지막 인사말을 쓰세요. Write a closing remark.	

실제 활동 Hands-on Activity

유학생 대상 비교과 프로그램 제안하기 Proposing an extracurricular program for international students

오늘의 과제 Today's Task

여러분은 유학생을 대상으로 하는 비교과 프로그램을 만들 거예요. 학교에 있는 다양한 비교과 프로그램을 찾아보고, 여러분이 하고 싶은 유학생 대상 비교과 프로그램을 친구들과 함께 만들어 발표해 보세요.

You will create an extracurricular program for international students. Search for various extracurricular programs offered at your school, and then work with your classmates to design a program you would like to offer to international students. After creating it, present your program.

STEP 01 비교과 프로그램 찾기 Finding Extracurricular Programs

- 학교 홈페이지에 어떤 비교과 프로그램이 있는지 찾아서 메모해 보세요. Check the school website to see what non-credit extracurricular programs are available, and take notes.

· 프로그램 이름 : · 내용 : · 참가 대상 : · 혜택 :	· 프로그램 이름 : · 내용 : · 참가 대상 : · 혜택 :

STEP 02 참가하고 싶은 비교과 프로그램 이야기하기

Talk about the extracurricular program you would like to participate in.

- STEP 01 에서 찾은 프로그램 중 어떤 프로그램에 참가하고 싶어요? 그 이유가 뭐예요?

Which of the programs you found in STEP 01 would you like to participate in?
Why do you want to join that program?

참가하고 싶은 비교과 프로그램		이유
1		
2		
3		

- 친구들은 어떤 프로그램에 관심이 있는지, 그 이유는 무엇인지 물어보세요.

Ask your friends which program they are interested in and why.

친구 이름	참가하고 싶은 비교과 프로그램		이유
	1		
	2		
	3		
	1		
	2		
	3		
	1		
	2		
	3		

STEP 03 비교과 프로그램 기획하기

Designing an extracurricular program

● 친구들과 함께 아래 내용을 참고해서 비교과 프로그램을 기획하고 홍보 포스터를 만들어 보세요.

Work with your classmates to design an extracurricular program using the information below, and create a promotional poster for it.

1. 프로그램 이름은 무엇이 좋을까? 2. 어떤 내용이 들어가야 할까? 3. 언제, 어디에서 하는 게 좋을까? 4. 누구를 대상으로 할까? 인원은 몇 명이 좋을까?	5. 신청 문의는 어떻게 받을까? 6. 이 프로그램에 참가하면 어떤 혜택을 줄까? 7. …

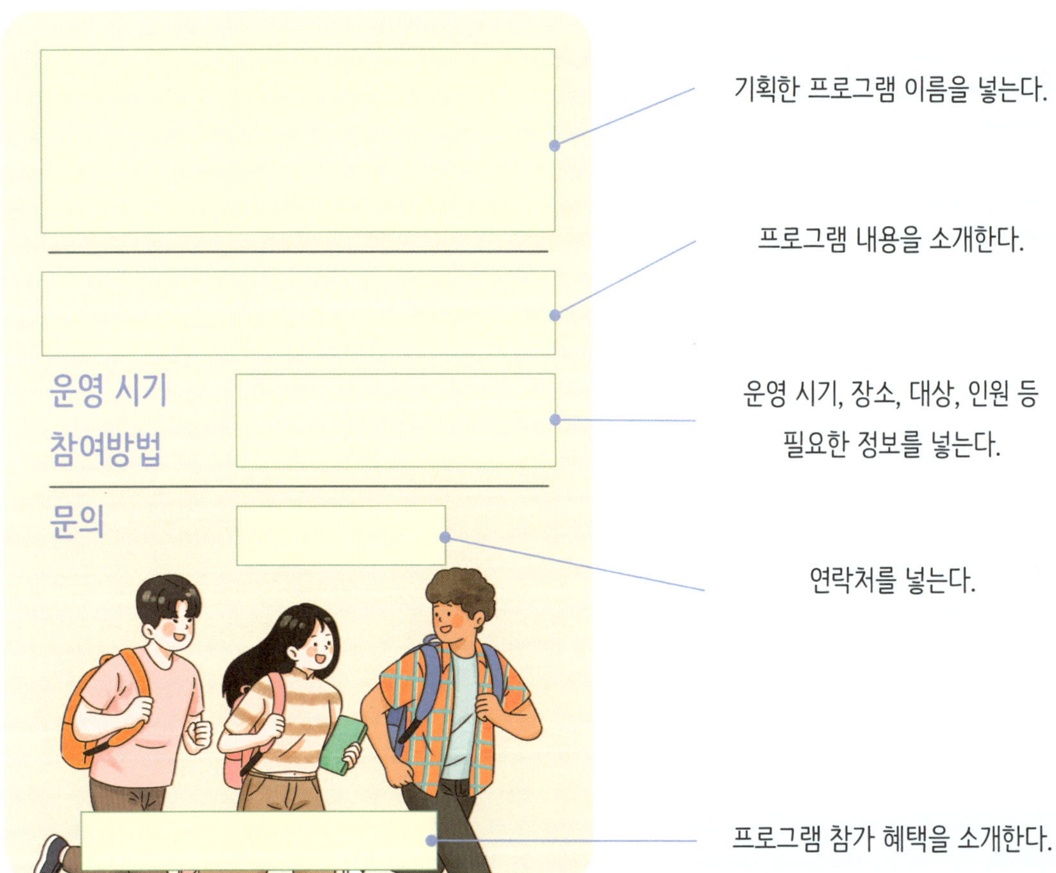

STEP 04 기획한 비교과 프로그램 발표하기

Presenting your planned extracurricular program

- STEP 03 에서 기획한 비교과 프로그램 포스터를 활용하여 발표하세요. 그리고 다른 팀의 발표를 들으면서 그 내용을 메모하세요.

Use the poster you created in STEP 03 to give your presentation.
While listening to other teams' presentations, take notes on their content.

A 팀	프로그램 이름			
	내용			
	기간		장소	
	대상/인원			
	혜택			
B 팀	프로그램 이름			
	내용			
	기간		장소	
	대상/인원			
	혜택			

너랑 나랑 Talk Talk

다음 대화를 제시된 문법의 색깔에 맞춰 한국어로 바꿔 쓰세요.

Rewrite the following conversation in Korean using the grammar patterns highlighted in color.

V/A-(으)ㄴ/는/(으)ㄹ 것 같다	V-(으)려면	V/A-기는(요)
V-다가	V/A-(으)ㄴ/는 만큼	

Haolan, how was the speech contest today? Since you prepared so hard, I think you did well.

Did well? Not really. I was so nervous that I forgot part of my speech while I was presenting, but I managed to finish it. I even received an award at the end of the contest.

Congratulations! You study hard and work hard. You're really amazing, Haolan.

Thank you. I want to gain various experiences while I'm a college student.

How's your café part-time job? Isn't it difficult?

It's not difficult. I think it's an interesting experience.

Really? Actually, I'm looking for a part-time job right now. How did you find yours?

I found mine on this website. Hmm··· look here. What do you think about this weekend job?

Oh, the working hours look good. I want to apply for this one.

If you want to apply, you need to fill out the application form first. Write your name and contact information here.

어휘 확인 Vocabulary check

7과

- 아르바이트(알바) part-time job
- 근무 조건을 확인하다 to check the working conditions
- 근무 시간을 조정하다 to adjust working hours
- 최저 시급을 지급하다 to pay the minimum hourly wage
- 아르바이트에 지원하다 to apply for a part-time job
- 배낭여행 backpacking trip
- 예산을 정하다 to set a budget
- 숙소를 정하다 to choose accommodation
- 현지 문화를 배우다 to learn the local culture
- 새로운 경험을 쌓다 to gain new experiences
- 봉사 활동 volunteer work
- 자원 봉사를 하다 to do volunteer work
- 돈/물건을 기부하다 to donate money/items
- 다른 사람에게 도움을 주다 to help others
- 보람을 느끼다 to feel rewarded

8과

- 신청서를 작성하다 to fill out an application form
- 대회에 참가하다 to participate in a contest
- 대회에서 상/상금을 받다 to receive an award/prize money at a contest
- 동아리를 홍보하다 to promote a club
- 회원을 모집하다 to recruit members
- 행사를 기획하다 to plan an event
- 비교과 프로그램을 신청하다 to apply for an extracurricular program
- 진로 특강을 듣다 to attend a career lecture
- 포드폴리오를 준비하다 to prepare a portfolio
- 인턴십에 지원하다 to apply for an internship
- 공모전에 도전하다 to try a competition
- 경력을 쌓다 to build experience

부록

Appendix

듣기 대본

Listening scripts

정답

Answer

어휘 색인

Glossary

듣기 대본

Listening script

3과 활동 - 소식과 정보

듣기 1. (Track 11, page 47)

1) 남자 기숙사 생활이 어때?
   여자 학교와 가까워서 좋은데 요리할 수 없어서 좀 불편해.

2) 여자 어디에서 살아?
   남자 학교 근처 원룸에 살아. 풀옵션이라서 생활이 편리해.

3) 남자 너는 혼자 살아?
   여자 아니. 나는 친구 두 명과 함께 살아.
   주택이라 집이 넓거든.

4) 여자 이번 주말에 뭐 해?
   남자 이사해 지금 고시원에 살고 있는데 방이 너무 좁아서
   좀 더 넓은 원룸으로 이사하려고 해.

듣기 2. (Track 12, page 48)

1) 남자 2학기 등록금을 납부했어요?
   여자 아직이요. 이번 주 금요일까지 내는 거 맞아요?

2) 여자 '한국 문화' 수업 어땠어? 어렵지 않았어?
   남자 응. 수업 내용이 재미있을 뿐만 아니라 교수님도 쉽게
   설명해 주셔서 좋았어. 너도 한번 들어 봐.

3) 남자 학생증을 발급 받고 싶은데 학과사무실에 가면 돼요?
   여자 아니요. 온라인이나 학교 앱에서 발급 받아야 해요.

듣기 3. (Track 13, page 48)

남자 유미 씨, LMS에 과제를 제출했어요? 저는 몇 번 해 봤는데 잘 안 돼요.
여자 그래요? 어렵지 않아요. 먼저 LMS 앱에 로그인하고, '과제'에 들어가세요.
남자 '과제'가 어디에 있어요?
여자 LMS 앱에서 '과목'에 들어가면 신청한 수업이 있어요. 거기에서 '중급 한국어' 수업을 누르세요.
그리고 왼쪽에 보면 '과제'를 찾을 수 있어요.
남자 아! 찾았어요.
여자 그리고 '글쓰기'를 눌러 보세요. 거기에 과제 파일을 업로드하면 돼요.
남자 아! 됐어요. 그리고 '저장'을 누르면 돼요?
여자 네. 맞아요.

활동 - 관계와 태도

듣기 1. (Track 24, page 95)

1) 여자 하오란 씨가 아까는 기분이 좋아보였는데 지금은 안 좋아 보이네요.
남자 하오란 씨는 변덕스러운 사람이잖아요. 곧 괜찮아질 거예요.

2) 여자 마카우 씨는 고민이 있을 때 어떻게 해요?
남자 저는 친구에게 속마음을 털어놓는 편이에요. 친한 친구와 이야기하면 고민이 해결될 때가 많거든요.

듣기 2. (Track 25, page 95)

1) 남자 샤르마 씨는 좀 차가운 성격이에요?
여자 아니에요. 샤르마 씨가 무뚝뚝해서 차가워 보이지만 이야기해 보면 엄청 따뜻한 사람이에요.

2) 여자 너 지난주에 싸운 친구랑 화해했어?
남자 아니. 지금까지 서로 말도 안 하고 있어. 내가 어떻게 해야 할까?

3) 남자 넌 어떤 사람을 만나고 싶어?
여자 음…. 난 성격은 조용해도 말이 잘 통하는 사람을 만나고 싶어. 그런 사람이랑 같이 있으면 대화가 정말 재미있거든.

듣기 3. (Track 26, page 96)

여자 잭 씨, 요즘 프엉 씨랑 사이가 안 좋아 보이는데 무슨 일 있어요?
남자 제가 프엉 씨한테 실수를 좀 했거든요.
여자 무슨 실수를 했어요?
남자 제가 프엉 씨와 만날 때 자주 늦었거든요.
그날도 제가 좀 늦었는데 저를 보자마자 프엉 씨가 엄청 화를 내고 먼저 갔어요.
여자 잭 씨가 진짜 잘못했네요. 그런데 아직 사과 안 했어요?
남자 사과하려고 프엉 씨에게 아무리 전화해도 전화를 안 받아요.
여자 그럼 수업 전이나 후에 프엉 씨와 이야기해 보세요.
남자 강의실에서 만나도 인사를 안 해요. 그래서 너무 답답해요.

9과 활동 - 경험과 도전

듣기 1. (Track 37, page 139)

1) 남자 와, 운전을 정말 잘하네요.
   여자 잘하기는요. 3개월밖에 안 된 초보 운전이에요.

2) 여자 뭐 하고 있어?
   남자 한국어 말하기 대회 온라인 신청 중이야.
   여자 그래? 직접 사무실에 가서 신청하지 않아도 되네?

3) 남자 이번 여름방학 인턴십 프로그램에 함께하는 여러분 환영합니다.
   여러분이 2주 동안 일할 곳은 바로 이 사무실입니다.
   여자 반갑습니다. 배우면서 열심히 하겠습니다.

4) 남자 이 아르바이트는 얼마나 오래 한 거예요? 힘들지 않아요?
   여자 6개월째 하고 있어요. 조금 힘들지만 하는 만큼 돈을 벌었으니까 만족해요.

듣기 2. (Track 38, page 139)

남자 어제 한국어 말하기 대회 잘했어요?
여자 조금 실수가 있었지만 상을 받았어요.
남자 와, 축하해요! 그동안 열심히 연습한 만큼 잘했을 것 같아요. 카나 씨는 한국어 발음도 정말 좋잖아요.
여자 발음이 좋기는요. 잘하는 학생들이 진짜 많았어요. 말하기 내용도 모두 좋아서 저도 많이 배웠어요.
남자 그렇군요. 저도 가서 보고 싶었는데 아르바이트 때문에 못 가서 아쉬웠어요.
여자 무하마드 씨도 다음에 꼭 참가해 보세요.

듣기 3. (Track 39, page 140)

남자 제시카 씨, 인턴십 프로그램은 다음 주부터예요?
여자 네. 저는 학교 안에 있는 유학생 센터에서 해요.
남자 가까워서 좋네요. 익숙한 곳이라서 마음이 편하겠어요.
여자 그래도 조금 걱정이 돼요.
남자 제시카 씨는 성격이 밝고 활발해서 새로운 일도 잘할 것 같아요. 너무 긴장하지 마세요.
여자 혹시 일하다가 실수하면 어떻게 해요?
남자 실수하면 어때요? 배우는 과정이잖아요. 학생 때 다양한 경험을 쌓는 것은 정말 중요해요.
여자 그렇게 생각하니까 마음이 좀 편하네요. 무하마드 씨는 작년에 인턴십 할 때 힘들지 않았어요?
남자 쉽지는 않았지만 열심히 한 만큼 보람이 있었어요.

정답

Answer

1과 학교와 가까운 곳에 살기 위해서 이사하려고 해요.

문법 1

연습 1.

1) 배우기 위해(서) 2) 건강을 위해(서) 3) 내기 위해(서)
4) 구입하기 위해(서) 5) 거주하기 위해(서)

문법 2

연습 1.

1) 넓거든요 2) 났거든요 3) 고향이거든요 4) 좋아하거든요

문법 3

연습 1.

1) 돼지고기뿐만 아니라 2) 잘할 뿐만 아니라
3) 멀 뿐만 아니라 4) 높을 뿐만 아니라
5) 볼 수 있을 뿐만 아니라

말하기 연습

무하마드 씨는 지난달에 주택으로 이사했어요. 이전의 집은 좁아서 힘들었거든요. 새로 이사한 주택은 넓어서 친구와 함께 살 수 있어요. 그리고 학교가 가까울 뿐만 아니라 지하철역도 근처라서 좋아요.

2과 교수님께 여쭤보거나 LMS에서 확인하면 돼요.

문법 1

연습 1.

1) 맛있는데 2) 가수인데 3) 제출했는데
4) 바쁜데 5) 듣는데

문법 2

연습 1.

1) 업로드하면 돼요 2) 만들면 돼요 3) 뽑으면 돼요
4) 신청하면 돼요

문법 3

연습 1.

1) 비싸 2) 읽고 있어 3) 뭐야 4) 재수강해 5) 했어
6) 받았어 7) 만들었어 8) 기숙사였어 9) 먹을 거야
10) 살 거야 11) 했어, 응, 했어, 아니, 했어

말하기 연습

마카우 씨는 '한국 문화' 과목을 듣고 싶은데 사람이 많아서 신청을 못 했어요. 마카우 씨는 한국 문화에 관심이 많거든요. 그 수업을 꼭 듣고 싶으면 교수님께 직접 말씀드려야 해요. 교수님이 인원을 바꿔 주시면 되거든요.

3과 활동 - 소식과 정보

듣기

1. 1) ④ 2) ① 3) ③ 4) ②
2. 1) ① 2) ④ 3) ①
3. 1) ② 2) ③

읽기

1. 1) ② 2) ④
2. 1) ④ 2) ①

쓰기

2. ㉠ 멀거든요 ㉡ 쌀 뿐만 아니라

너랑 나랑 Talk Talk

무하마드 제시카, 지난주에 이사한 원룸은 어때?

제시카 좋아. 학교와 가까워서 걸어서 갈 수 있거든.

무하마드 방은 풀옵션이야?

제시카 응. 냉장고, 세탁기, 인덕션이 있어서 편리할 뿐만 아니라 월세도 싸.

무하마드 나도 원룸에 살고 싶은데 원룸에 살기 위해서는 보증금이 필요하니까 좀 고민이야.

제시카 맞아. 원룸은 장점이 많지만 보증금이 비싸서 문제야.

무하마드 그래서 지난 학기부터 아르바이트하고 있어.

제시카 어디에서 아르바이트해? 나도 아르바이트하고 싶은데 찾는 것이 어려워.

무하마드 '유학생 일자리' 앱에서 찾으면 돼. 나도 거기에서 찾았어.

제시카 아, 알겠어. 고마워.

4과 제 친구는 성격이 활발한 편이에요.

문법 1

연습 1.

1) 무거워 보이는데 2) 작아 보여요 3) 차가워 보였어요
4) 재미있어 보여 5) 맛있어 보여요

문법 2

연습 1.

1) 읽는 편인데, 읽는 편이에요 2) 먼 편이에요
3) 마시는 편이에요 4) 이기적인 편이에요
5) 작은 편이에요 6) 솔직한 편이에요

문법 3

연습 1.

1) 입원했잖아 2) 하잖아요 3) 맛있잖아요
4) 생일이잖아 5) 있잖아요 6) 모르잖아요

말하기 연습

가브리엘 씨는 어릴 때 내성적인 편이었어요. 수업 시간에도 조용했어요. 그런데 대학교에서 동아리 활동을 한 후에 공연을 많이 했어요. 공연을 자주 하면 자신감도 생기잖아요. 선배들한테 칭찬도 많이 받았어요. 그래서 지금은 활발한 성격으로 변했어요.

5과 고민이 있을 때 친구에게 속마음을 털어 놓곤 해요.

문법 1

연습 1.

1) 먹곤 해요/했어요　2) 사과하곤 했어요
3) 보곤 해요/했어요　4) 가곤 해요
5) 찍곤 했어요　6) 입장 바꿔 생각하곤 해요

문법 2

연습 1.

1) 자도　2) 사람이라도　3) 말을 끊어도
4) 비싸도　5) 나눠도　6) 재미있어도

문법 3

연습 1.

1) 먹자마자　2) 도착하자마자　3) 열자마자
4) 보자마자　5) 치자마자　6) 받자마자

말하기 연습

카나 씨는 다말 씨의 구두를 몰래 신곤 했어요. 오늘도 카나 씨가 다말 씨의 구두를 신었는데 다말 씨가 알게 됐어요. 카나 씨가 다말 씨의 구두를 신고 나가는 모습을 보자마자 다말 씨가 전화를 했는데 카나 씨는 받지 않았어요. 저녁에 카나 씨는 다말 씨에게 사과를 했고 두 사람은 화해했어요.

6과 활동 - 관계와 태도

듣기

1. 1) ③　2) ②
2. 1) ①　2) ②　3) ④
3. 1) ③　2) ④

읽기

1. 1) ③　2) ③
2. 1) ②　2) ④

쓰기

2. ㉠ 치잖아요　㉡ 보자마자/읽자마자/확인하자마자

너랑 나랑 Talk Talk

샤르마　마카우 씨, 무슨 일 있어요?
마카우　네?
샤르마　평소에는 활발한 편인데 오늘은 그렇지 않아서요.
마카우　아…. 아침에 하준 씨랑 말다툼했거든요.
샤르마　그래서 기분이 안 좋아 보였네요. 근데 왜 싸웠어요?
마카우　그동안 하준 씨가 제 옷을 몰래 입곤 했는데,
저는 오늘 알게 됐거든요.
샤르마　그런 일이 있었어요? 아무리 친해도 옷을 입고 싶으면
먼저 물어봐야 하잖아요.
마카우　그러니까요.
오늘 하준 씨가 제 옷을 입는 걸 보자마자 물어보니까
그동안 제 옷을 입고 다닌 걸 말했어요.
샤르마　와. 진짜 기분 나빴겠네요.
마카우　네. 그래서 이따 집에 가서 다시 이야기해 보려고 해요.

7과 아르바이트 때문에 못 올 것 같아요.

문법 1

연습 1.

1) 오는 것 같아요 2) 큰 것 같아요 3) 갈 것 같아요
4) 좋아하는 것 같아요 5) 많을 것 같아 6) 언니일 것 같아요

문법 2

연습 1.

1) 환불하시려면 2) 만들려면 3) 그만두려면
4) 받으려면 5) 타려면

문법 3

연습 1.

1) 유창하기는요 2) 다 읽기는 3) 좋기는요
4) 쉬는 날이기는 5) 바쁘기는요 6) 까다롭기는요

말하기 연습

다말 씨와 무하마드 씨는 함께 아르바이트를 찾고 있어요. 한국 식당 아르바이트를 검색했지만 주말 알바라서 힘들 것 같아요. 그래서 다른 한국PC방 알바를 찾았는데 주 3일이라서 좋아요. 지원하려면 신청서를 써야 하는데 다말 씨가 도와주고 있어요.

8과 열심히 준비한 만큼 좋은 결과가 있을 거예요.

문법 1

연습 1.

1) 읽다가 2) 먹다가 3) 하다가 4) 마시다가 5) 청소하다가

문법 2

연습 1.

1) 하는 만큼 2) 친구인 만큼 3) 연습한 만큼 4) 노력한 만큼
5) 급한 만큼

문법 3

연습 1.

1) 많다 2) 없다 3) 먹는다 4) 유학생이다 5) 아프다
6) 만났다 7) 컸다 8) 논다 9) 친구다 10) 것이다

연습 2.

1) 나는 방학 때 학교 안에서 하는 인턴십을 신청할 것이다. 지원하려고 하는 곳은 유학생들에게 프로그램 홍보와 안내를 하는 부서다. 아직 한국어는 서툴지만 도전해 보고 싶다. 모르는 것은 물어보고 배우면 될 것 같다. 면접부터 열심히 준비해야겠다.
2) 나는 이번 학기 학교 축제에 참여할 예정이다. 친구들과 함께 국제 음식 부스를 준비하고 있다. 우리는 베트남 음식을 만들 것이다. 처음이라 걱정도 되지만, 재미있을 것 같다. 한국 학생들과 함께 축제를 준비하는 건 즐겁다.

말하기 연습

무하마드는 오늘 인턴십 프로그램 면접을 봤어요. 열심히 준비한 만큼 대답을 잘하고 있었어요. 그런데 대답을 하다가 갑자기 다음 내용을 잊었어요. 하지만 다시 생각해서 대답을 잘 마무리할 수 있었어요. 1주일 후 합격 소식을 받고 무하마드는 정말 기뻤어요.

9과 활동 - 경험과 도전

듣기

1. 1) ③ 2) ② 3) ① 4) ④
2. 1) ① 2) ③
3. 1) ③ 2) ④

읽기

1. 1) ② 2) ③
2. 1) ③ 2) ①

쓰기

1. 1) ㉠ 좋을 것 같습니다 ㉡ 일하시려면

너랑 나랑 Talk Talk

제시카 하오란 씨, 오늘 말하기 대회 어땠어요? 열심히 준비한 만큼 잘했어요?

하오란 잘하기는요. 너무 긴장해서 발표를 하다가 내용을 잊었지만 마무리는 했어요. 대회 끝날 때 상도 받았어요.

제시카 축하해요! 공부도 열심히 하고, 알바도 열심히 하고 하오란 씨는 정말 멋져요.

하오란 고마워요. 대학생 때 다양한 경험을 쌓아 보려고 해요.

제시카 커피숍 아르바이트는 어때요? 힘들지 않아요?

하오란 안 힘들어요. 재미있는 경험인 것 같아요.

제시카 그래요? 사실은 저도 지금 아르바이트를 구하고 있어요. 하오란 씨는 아르바이트를 어떻게 찾았어요?

하오란 저는 이 사이트에서 찾았어요. 음, 여기 보세요. 이 주말 알바는 어때요?

제시카 오, 근무 시간이 좋네요. 여기 지원해 보고 싶어요.

하오란 지원하려면 먼저 신청서부터 써야 해요. 여기 이름이랑 연락처부터 쓰세요.

어휘 색인

Glossary

N째	for N years/months/days now	133쪽

ㄱ

가끔	sometimes	072쪽
각	each	049쪽
간단하다	to be simple	048쪽
같다	to be same	073쪽
개월	month(s)	122쪽
거의 안	rarely	072쪽
거의	almost	043쪽
거짓말	lie	071쪽
걱정되다	to be worried	053쪽
검사	test	097쪽
게시판	message board	050쪽
결과	result	130쪽
결말	ending	086쪽
계약서를 쓰다	to sign a contract	022쪽
고장 나다	to break down	086쪽
고치다	to fix	086쪽
과일	fruit	071쪽
과정	process	134쪽
관람객	visitor	134쪽
교육비 납입증명서	tuition payment statement	050쪽
국제	international	134쪽
궁금하다	to be curious	132쪽
그날	that day	096쪽
그동안	until now	091쪽
그때	at that time	098쪽
그러니까요.	That's what I'm saying.	091쪽
그렇지만	however	049쪽
그만두다	to quit	117쪽
금액	amount	051쪽
급하게	in a hurry	129쪽
그	that	042쪽
기간	period	043쪽
기대	expectation	130쪽
기억하다	to remember	074쪽
기회	chance	142쪽
까다롭다	to be strict	119쪽
깜빡하다	to forget	074쪽
께	to someone(in honorific speech)	036쪽
끊다	to hang up	089쪽
끝나다	to finish	089쪽

ㄴ

나	I(in casual speech)	041쪽
내용	content	048쪽

냉장고	refrigerator	029쪽
넘다	to exceed	097쪽
넘어지다	to fall down	129쪽
너	you(in casual speech)	039쪽
노력하다	to make effort	119쪽
놀이공원	amusement park	114쪽
누구나	anyone	097쪽
누르다	to push	048쪽
늘다	to increase	142쪽
늘	always	071쪽

ㄷ

다양하다	to be various	130쪽
다하다	to complete	043쪽
다행이다	That's a relief.	096쪽
달리기	running	114쪽
답답하다	to feel frustrated	096쪽
답변	reply	050쪽
대상	target group	049쪽
데다	to scald	129쪽
도와주다	to help	068쪽
도움이 되다	to be helpful	043쪽
돈을 뽑다	to withdraw money	021쪽
되다	to work/be successful	048쪽
들다	to pick up	119쪽
등록금 고지서	tuition statement	050쪽
등록금	tuition	021쪽
디자인	design	113쪽
떨리다	to be nervous	130쪽

ㅁ

마련하다	to prepare	021쪽
마무리하다	to end	136쪽
만족하다	to be satisfied	139쪽
말소리	voices	114쪽
말하다	to talk	095쪽
말	end	049쪽
매번	every time	077쪽
멋지다	to be wonderful	136쪽
멍하게	blankly	129쪽
몇 번	a few times	048쪽
몰래	secretly	090쪽
무슬림	Muslim	026쪽
문의	inquiry	050쪽
문제를 풀다	to do exercises	117쪽
문제	problem	029쪽
물어보다	to ask	074쪽
미술관	art museum	084쪽
미역국	seaweed soup	074쪽
및	and	049쪽

ㅂ

바꾸다	to change	044쪽
바로	immediately	098쪽
반복하다	to repeat	117쪽
발송	sending	097쪽
발음	pronunciation	117쪽
밤새도록	all night long	084쪽
배우	actor	027쪽
변하다	to change	076쪽
부담	pressure	130쪽
부동산	real estate	022쪽
부서	department	134쪽
부스	booth	134쪽
부엌	kitchen	029쪽
부족하다	to lack	128쪽

부탁드리다	to favor(in honorific speech)	034쪽
불편하다	to be uncomfortable, inconvenient	026쪽
비교하다	to compare	049쪽
비율	percentage	097쪽
뿌듯하다	to feel proud	135쪽

ㅅ

사실	truth	071쪽
사이즈	size	114쪽
사이트	site	122쪽
사이	relationship	091쪽
상대방	the other person	098쪽
상상	imagination	077쪽
생각이 나다	to remember	048쪽
생각하다	to think	068쪽
생각	idea, thought	073쪽
생기다	to come up	043쪽
서툴다	to be clumsy	134쪽
선배	senior	077쪽
설명하다	to explain	048쏙
성실하게	sincerely	144쪽
성장하다	to grow	130쪽
세탁기	washing machine	029쪽
센터	center	097쪽
소리를 내다	to make voice	117쪽
소식	news	114쪽
손	hand	088쪽
솔직하게	honestly	098쪽
쉽게	easily	026쪽
스트레스를 풀다	to relieve stress	084쪽
습관	habit	087쪽
시간을 보내다	to spend time	086쪽
시키다	to make someone do something	077쪽
신입생	freshman	049쪽
신청서	application form	116쪽
실력	skill	128쪽
실수	mistake	073쪽
심하다	to be mean	091쪽
쓰레기	trash	142쪽

ㅇ

아까	a while ago	096쪽
아마	maybe	113쪽
아쉽다	to be sorry	139쪽
안내	notice	049쪽
안타깝다	to be unfortunate	074쪽
알다시피	as you know	100쪽
앞자리	front seat	071쪽
앱	app	048쪽
양치질하다	to brush teeth	088쪽
어리다	to be young	133쪽
언제나	always	072쪽
얻다	to gain	141쪽
엄청	very	068쪽
여쭤보다	to ask(in honorific speech)	036쪽
연락	contact	053쪽
연주	performance	118쪽
영수증	receipt	116쪽
영향	effect	077쪽
예전에	back in the day	083쪽
오래	for a long time	049쪽
왜냐하면	because	071쪽
외국인 등록증	alien registration card	038쪽
용기	courage	141쪽

운동선수	athlete	027쪽
원하다	to want	049쪽
유창하다	to be fluent	119쪽
유형	type	097쪽
응원하다	to support	139쪽
이사하다	to move out	020쪽
이상하다	to be weird	114쪽
이상	over	097쪽
이유	reason	098쪽
이전	previous	028쪽
이제	from now on	091쪽
인덕션	induction cooktop	029쪽
인상을 쓰다	to frown	068쪽
인원	number of people	042쪽
일시	date and time	097쪽
일어나다	to get up	021쪽
잃어버리다	to lose	037쪽
잊어버리다	to forget	096쪽

ㅈ

자기 자신	one's own self	071쪽
자동 발급기	certificate issuing machine	050쪽
자신감	confidence	076쪽
잘못하다	to do something wrong	091쪽
잠깐	for a short time	049쪽
재학생	current student	049쪽
저장	'Save' button	048쪽
적합하다	to be suitable	049쪽
전략	strategy	141쪽
전혀 안	never	072쪽
전	before	096쪽
절반	half	097쪽
정도	around	122쪽
정보	information	050쪽
졸다	to doze	128쪽
졸업반	senior class	132쪽
줍다	to pick up	142쪽
중급	intermediate level	043쪽
지갑	wallet	075쪽
지구	earth	142쪽
지원하다	to apply	024쪽
지키다	to keep	096쪽
직접	in person	043쪽
진행하다	to be conducted	049쪽
집주인	landlord	022쪽
집중하다	to focus	035쪽

ㅊ

차지하다	to account for	097쪽
창문	window	088쪽
찾다	to look for	021쪽
처음	first time	068쪽
첫눈에 반하다	to fall in love at first sight	089쪽
최고	best	136쪽
출근하다	to go to work	119쪽
출력하다	to print	050쪽
출출하다	to feel a bit hungry	083쪽
친하다	to be close with someone	084쪽
칭찬	compliment	076쪽

ㅌ

통역	interpretation	134쪽

ㅍ

편리하다	to be convenient	025쪽
풍경	scenery	142쪽

플로깅	plogging	142쪽

ㅎ

하루 종일	all day long	068쪽
하루	a day	071쪽
한테	to someone	074쪽
함께 쓰다	to share	023쪽
합격하다	to pass	131쪽
헤어지다	to break up	085쪽
현금	cash	037쪽
환영하다	to welcome	139쪽

날마다 한국어 중급 1

초판발행 2026년 2월 28일

지은이 손현미·김남정·주지현
펴낸이 안종만·안상준

편 집 조영은
기획/마케팅 박부하
표지디자인 BEN STORY
제 작 고철민·김원표

펴낸곳 (주) 박영사
서울특별시 금천구 가산디지털2로 53, 210호(가산동, 한라시그마밸리)
등록 1959.3.11. 제300-1959-1호(倫)
전 화 02)733-6771
f a x 02)736-4818
e-mail pys@pybook.co.kr
homepage www.pybook.co.kr
ISBN 979-11-303-9701-6 03710

정 가 23,000원